見えない私の生活術

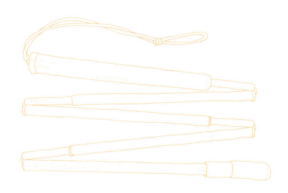

新納季温子［著］
Niiro Kioko

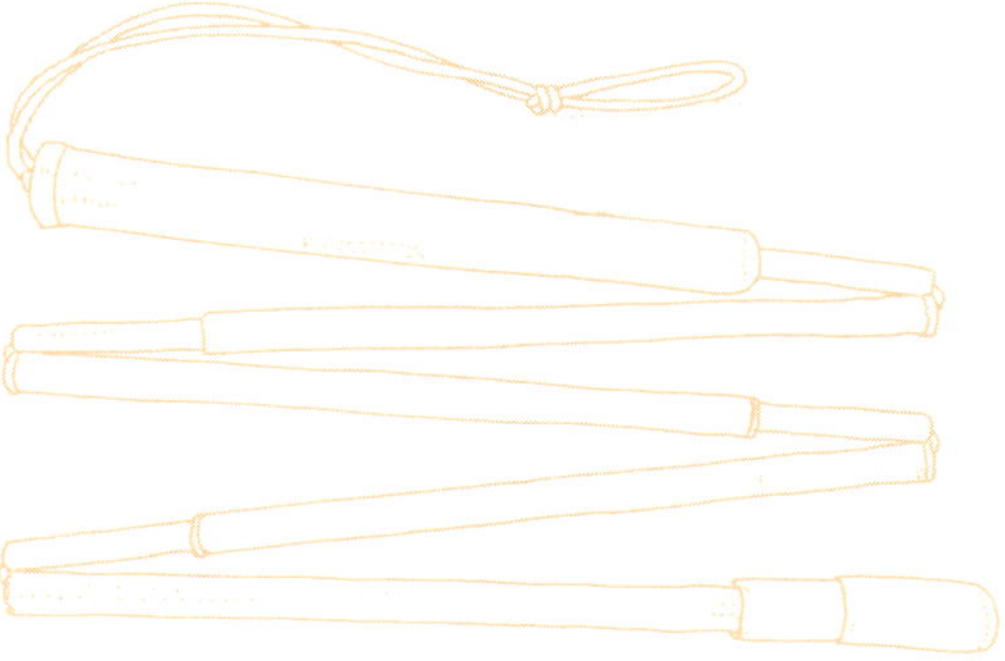

クリエイツかもがわ
CREATES KAMOGAWA

はじめに

私の両眼が感じるのは、かすかな光だけ。青いと言われる空や海、満開に咲き誇る桜の花も、鮮やかに色づいた紅葉も、想像の世界のものである。生まれて間もなくかかった病気で失明したので、〈見える〉世界を知らない。

私は、一九五二年に大阪で生まれ、大阪府立盲学校（現在の大阪府立視覚支援学校）で小学部から高等部までを過ごした。クラスの人数は多くはなかったが、点字を駆使して勉強を競い合い、充実した学校生活を送った。

卒業後は、英語の教育で知られる短大に進み、その後、一般校で英語の教員になることを目標に、四年制の私立大学に編入して、英米文学を学んだ。やがて夢が現実になり、一般校ではなかったが、母校の高等部で英語を教えることになった。二八年間の教員生活の中で、目に障害をもつ多くの生徒たちとふれ合うことができた。そのときに出会った生徒たちの多くは、今、いろいろな場所でたくましく生活している。本書で楽しい体験を披露してくれるのも、そうした卒業生たちである。

私は、大学時代に点訳サークルで知り合った相手と、長い期間を経て結婚し、一児の母となった。仕事に加えて家事や子育てなど、時間に追われる日々だったが、楽しみがあった。旅行である。まわりの旅行好きの人たちのおかげで、さまざまな場所を訪れることができた。なかでも、夫の仕事の関係で海外に行き、そこで何カ月にもわたって生活した経験は、私の仕事にもとても有意義だった。娘を抱いて白杖を使って毎日の買い物に行くのは、少し大変だったような気はするが、異なった社会でたくさんの人と出会えたことはとても大きな収穫だった。

このように私の生活はそれなりに充実していたのだが、ときどきなんとなく寂しい気持ちになった。私たち障害者と一般の人々の間の壁を感じた。真の障害者理解に至るまでの道は長い。白杖を持って歩いていると、「あんた目見えへんのに、明るい顔してるなあ！　えらいなあ！」と感心されることがある。私としては、周囲の音を聞き逃さないように必死で歩いているので、そんなにのんきでうれしそうな顔をしているわけではないと思うのだが、障害者といえば暗いイメージをもたれる方は多いようだ。

私たちが一般社会で生活していくには、福祉の充実は必須であるが、自身の努力と工夫でなんとかなることはたくさんある。また、便利な器具を使うことによって、あるいは適切なサポートや必要なトレーニングを受けることで克服できることもそれなりにあると思う。だから、見えないということが本当はどんなことなのかを理解してくださる方が増えていけば、私たちが参加できる場が広がるだろう。もっと生きていきやすくなるのではないだろうか。このようなことを考え、いつか私なりの思いやエピソードをまとめて発信してみようと思うようになった。

退職して二年後、ようやく書き始めたが、書くことを得意としない私には大変な難作業だった。わかりやすく、客観的に伝えることができるだろうかと不安になった。そこで、夫（泉）に協力を頼み、具体的な内容で、楽しく読めるようにと、各章の後半は二人の対話で語ることにした。

この本は、特定の分野の方を対象にするというよりも、さまざまな立場の方々にふれてほしいと思っている。障害児教育や社会福祉に携わっておられる方、さまざまなサービスや物づくりにかかわっておられる方、子育て真っ最中の方、そして私と同じ障害をもつ方やそのご家族、さらには若い世代の方々に。本書で紹介するいくつかの例を通じて、私たちの〈心〉を知っていただければ、きっといろいろなところに応用してもらえると思う。

障害者への理解が進むために、即効ではないけれど、じわじわと効いてくる穏やかなサプリのような役割を、この本が果たしてくれないものだろうか。

見えない私の生活術　もくじ

1　白杖と口で怖いものなし？

一人歩きを始める

私が学んだ盲学校は、自宅からは遠く、通学するのは難しかった。それで、入学後間もなく同じ敷地にある寄宿舎に入ることになった。普段の生活の中で、小学生の私が校外に出るのは、同室のみんなと銭湯に行くときだけだった。そんな私が一人で歩きたいと考え始めたのは、小学部六年生のときである。当時のルームメイトたちは少し見える準盲や弱視だったので、自由に外出して、人気の少女雑誌やお菓子を買いに行くことができた。土曜日には、みんないっしょに楽しそうに電車に乗って帰って行く。しかし、私は、スクールバスを利用し、バス停まで家族のだれかに迎えに来てもらうしかなかった。自分一人だけとり残されているようで寂しかった。

今は、「自立活動」という授業があって、白杖を使っての歩行のしかたや、生活に必要なこと、例えば、衣服の整理や洗濯・料理など、個々に必要なことを学べる。しかし、当時は家庭科の調理実習以外には、そのようなことを学べる授業はなかった。

中学生になっても一人で外出することはできなかった。クラブ活動や生徒会活動に参加するようになったので、スクールバスには間に合わず、家族に学校までの迎えを頼まなければならなかった。「一人で帰って来れるように練習したい」と両親に言ったが、「危ない！　ぜったいあかん！」と猛反対された。それまでは私が練習するから教えてほしいと頼んだことは、どんなに忙しくても時間を見つけて、私にもできるように工夫しながら教えてくれていたが、歩行だけは別らしかった。

中学部二年生になった。私が楽しみにしていた歴史の授業が始まろうとしていたが、突然先生のお説教に変わった。「おまえらは人に頼りすぎや。甘えとる。中学生にもなって、誰も学校まで一人で来れん」と、私たちが自立できていないことを、手きびしくこんこんと指摘された。問答無用の、あまりに一方的な先生に怒りが込み上げてきたが、悲しいことに言われることはすべて事実だった。先生は最後に、「おれにこんなに言われてちょっとでも悔しいと思うんやったら、一人で学校まで来れるようになってみろ。親はいつまでも生きてないんやぞ」と、徹底したダメ押しである。これでもか、これでもかと現実を叩きつける先生と、今まで他人に頼ってばかりいた自分に腹がたったが、一言の反論も弁解もできなかった。

私は決心した。学校から家までの道を頭に入れようと手引きされながら一生懸命頑張った。それまでは一週間の出来事をあれこれとおしゃべりしながら、のんきに楽しく歩いていたのだが、無口になって道順を憶えるための手がかりを探しながら歩いた。歩数を数えて歩くのではなく、飲食店の匂いやそこから聞こえてくる音楽、工場の音、ちょっとした空気の動きなど、いろいろなことを目印に歩く。

例えば、パチンコ屋さんの音がすると、もうすぐ駅である。道を間違えていなかったという確認ができる。タバコとコーヒーの匂いがする喫茶店を通り過ぎて、二つ目の十字路を右に曲がる。角は、建物が途切れたときに圧迫感がなくなるのと、空気の動きでなんとなく知ることができる。いつも同じ道なので、必要な目印が見つかり、道順がなんとか頭に入った。

「今度の土曜日は、寄宿舎で行事があるから帰って来られへんからね」と、スクールバスの乗り場まで送ってくれた母に言って別れた。もちろん行事などない。今でもはっきり憶えている。その土曜日のことを。どきどきしながら、半分こわごわ、一生懸命、白杖をこつこつ振り回して駅までたどり着いた。切符も初めて一人で買った。最寄り駅から自宅まではかなりの距離だったが、道に迷うことなくなんとか無事に歩いた。家の古い門の木の扉に手が触れたときは本当にうれしかった。

両親はびっくりしていたが、私を叱りはしなかった。そのときにいろいろ覚悟をしたのかもしれない。月曜日の朝に「一人で学校に行く」と言っても、もう反対はされなかった。

ずっと後になって、「心配で後ろからついて行って見てた。そっちに行ったらぶつかる！　危ない！　危ない！ってヒヤヒヤしながらな。それでもうまいことぶつからんように避けて歩いて行くの見て、ちょっと安心した。ときどきは、どんとどこかにぶつかってることもあったけどな」と父から聞かされた。私のことが心配で、忙しい畑の仕事をほおりだして、じっと見ていてくれたのだ。「心配かけてごめん」と思った。しかし、あのとき思いを実行に移していなければ、いつ一人で歩くことができるようになっただろう、とも思う。毎日楽しく通学していた高校生の私はいなかったのではないかと。

許せないこと

自宅から学校までなんとか一人で歩けるようになり、中学部を卒業と同時に寄宿舎を出た。高校生になってからの通学は楽しかった。バスと三種類の電車を乗り継いで、それなりに大変だったような気はするけれど。いつも同じ時間の電車に乗る高校生たちと知り合いになった。私の知らない別の世界の学校の様子、受験勉強のことなどいろいろな話が聞けて楽しかった。

クラブ活動などで遅くなったときには、学校の近くや途中の駅で友人たちと、たこ焼きやラーメンを食べて帰るのも楽しみの一つだった。

しかし、一人で歩くようになって楽しいことばかりではなかった。今とは違って車両の数が少なく混雑している電車の中で痴漢の被害に遭う女性は多かったが、私の場合はさらに悪質だった。親切そうに手引きを装って私に近づき、許せないことをする人がいた。その頃は相手の手を叩いて振り払うのがやっとだった。私には相手の顔が見えないし、走って追いかけることも難しい。それをいいことにひどい行為をする人間がいるという現実が悲しく腹立たしかった。

仕事を始めて数年後のことである。あるＪＲの駅を毎日通っていた。大きな駅なのだが、朝の早い時間には人はそれほど多くない。階段を下りて行く私を誰かが触って通りすぎる。「痴漢！」と叫んでも助けてくれる人はいなかった。仕事が始まる時間があるので、大きくは変えられないが、少し時間をずらしてみた。階段も別のところを使った。しかし、状況は変わらなかった。駅に訴えたが「いつも見張ってられるほど駅員は多くない」とお話にならなかった。許せないのは痴漢ばかりではない。これを聞いて、怒った夫は駅まで見張りに来てくれた。その効果かどうかはわからないが、その後、痴漢は現れなくなった。

恐怖の一瞬

歩いていて危険なこともたくさんある。疲れているときには、いつも聞こえている音を聞きもらしてしまう。風邪をひいていると、鼻がつまって、耳にも影響が出てくるのか、音がいつもとは違って遠くに聞こえたり、音や匂いに気づかないこともある。この錯覚を駅のプラットホームですれば、恐ろしい事故につながる可能性がある。また、雨が激しく降ると、傘にあたる雨音で周囲の音がまったく聞こえない。夏の朝に街路樹のセミがいっせいに鳴きだすと、これも最悪な状態になる。大阪ではそれほど多くはないが、雪が少し積もると周囲の音が吸収されて、勘違いをしやすくなる。

結婚して直後のことである。ずっと生活している大阪ではなく、夏休みだったので夫がいる岡山に来ていた。「晩ご飯、何にしよう?」とルンルンで買い物に出かけた。それまでに夫と商店街までの道を何度か歩いて確認していたので、自分ではしっかり憶えたつもりだった。しかし、甘かった。道にあまり慣れていなかったうえに、荷物が重く、暑くてふらふらになってきた。曲がり角に気づかず通り過ぎた。「あ!」っと叫ぶと同時に用水路の中に立っていた。大切な荷物はしっかり持って。まだ若くて少しは運動神経がよかったのか、ケガもせず、スカートが濡れただけですんだ。

近くに、お年寄りのご夫婦らしい人がおられた。目の前で突然私が転落したので大変驚かれ、「どうしたんや？　気分でも悪うなったんか？」と聞いてくださった。私が白杖を持っていることに気づいておられなかったのだろうか？　びっくりしたし、恥ずかしいし、思わず「こんな所に川ありました？」と言ってしまった。私の頭の中の地図には、商店街まで行く道には川など存在しなかった。返ってきた言葉は、「川は昔からあるで」。

さらに恐ろしいこともあった。仕事が終わらず、遅くなってしまった。娘が待つ家に早く帰りたかった。白杖で前を確かめるのも適当に、プラットホームを急いだ。「危ない！」と後ろから叫ぶ声がした。びっくりして立ち止まり、杖を前に出した。杖が触れたのは、固いコンクリートの床ではなく、なんと空間。その直後に準急が入ってきた。恐怖で息が止まりそうになった。誰が叫んでくれたのか。命の恩人は、わからなかった。

実は、その日の朝、家を出ようとしたとき、いつもなら夢の中にいるはずの幼い娘が起きてきて、「ママ、きをちゅけていってね。かいだんからおちたらいややで」と言って抱きついてきた。そのことが頭に浮かび、さらに恐ろしくなって電車の中で震えていた。

安全に歩くには

私が仕事を始めた三〇年余り前は、プラットホームがいくつもある大きな駅であっても、点字ブロックのあるところは多くはなかった。職場でも、全盲の教員や生徒がホームから転落することがときどきあった。不幸中の幸いで、打ち身ですむ場合もあるが、大切な命を失ってしまうという悲惨な事故も起きた。そのような恐ろしいことがあって、ようやく点字ブロックがつけられる。「誰か落ちないと点字ブロックつけてくれへんのか!」と、よくみんなで怒ったものだ。

最近では点字ブロックや音響信号のほか、プラットホームの安全柵、階段やエスカレーター近くの音声案内も増え、都市部はずいぶん歩きやすくなった。特に両側を電車が走る島形のプラットホームでは、点字ブロックだけでなく、この柵があるとほっとする。

また、乗車前にお願いすれば、プラットホームまでのガイドと、下車駅の出口までの案内をしてもらえるようになった。いつもは一人で歩いている人も、初めての場所に行くときや、体調が悪くて少し自信がないときには、このサービスはとてもうれしいはずである。しかし、このシステム、少し改善していただきたいところもある。行き先を告げて、どの電車に乗りたいからとお願いしても、今、案内の人が来れないとかで、三〇分以上も長く待ったとか、新幹線の連結部にある個室に案内されてそのまま放っておかれたという話をときどき聞く。ぎりぎりの社員数の中でのサービスであるのだろうが、もう少しなんとかならないものかと思う。

新幹線を利用するときに困ることが一つある。みどりの窓口で切符を買うのだが、長い列ができていることが多い。列の最後尾を探して、「すみません。前に進まれるときには声をかけていただけませんか?」と前の方にお願いする。たいていはとても親切に答えていただけるのだけれど、なぜか返事をしてもらえないこともときどきある。そのような場合には、足音や気配を感じて、前の人にぶつからないように気をつかいながら、私もソロソロと前に進む。大きな駅なので、窓口はいくつかある。だから、私の順番が近づくと、前の人は何人か一度にいなくなる。「次のお客様どうぞ」と呼ぶ声が聞こえてくる。これは私に言われているのだろうか？　それとも窓口の前で順番を待っている人に？　区別がつかなくてじっとしていると、「次のお客様、どうぞ」とまた聞こえる。「すみません、私のことでしょうか？」と尋ねると、「先頭のお客様です」。「先頭が私なのかどうかがわからないから聞いているんです」と、むっとして言い返すと、「お客様です」との返事。「次のお客様」とか、「先頭のお客様」というのはマニュアルにあるのだろうが、もう少し違う表現はないのだろうか？　状況に応じた柔軟な対応というものが…。

また、手引きをしてもらって少し困ることもある。「何か役に立ちたい」という気持ちなのだろうが、「こっちや。こっちや」と言いながら白杖の先を持って引っ張ったり、「連れて行ってあげるから、杖は使わんでええよ」と言って大事な杖を取り上げようとする人がいる。私たちは、段差など自分が歩こうとしている先にあるものを杖で確かめるのだから、杖を奪われて自分の前方の様子がわからなければとても不安になる。しかし、相手に悪気がないだけに、こちらも苦笑しながら、「すみません。そうじゃなくて、こうして腕を持たせてもらえますか？　杖で前を見ないと怖いんです」と言って、杖を返してもらうことにしている。

最後に、目が見えない者が安全に安心して歩ける手引きのしかたを紹介しておきたいと思う。右手に白杖を持っている私たちは、左腕を直角に曲げて手引きする人の右肘を持たせてもらう。そして、私たちは半歩後ろを歩く。こうすることで、手引きする人の肘が上下したり方向が変わったりするのを感じ、段差があることや歩く向きが変わることを知る。手引きする人の身長が低い場合には、肩を持たせていただけると歩きやすい。

季温子
kioko

対話 その1

泉
izumi

外出のしかた

泉　全盲の人って、普通、どうやって外出してるんだろう？

季　そりゃやっぱり白杖を使うか、盲導犬か、それとも誰かといっしょに歩くか。いっしょに歩くのは、家族や友だちのこともあるし、ガイドヘルパーを頼む人もいるし。

泉　数としては、やっぱり白杖の人が多いのかな。盲導犬が話題になることはよくあるけど。

季　盲導犬の数ってそれほど多くはない。訓練するのに長い時間とかなりのお金がかかる。ユーザー個人の負担が大きいわけではないけど。

泉　一人で歩くのはどう？

季　私はいろんな人とおしゃべりするのが好きだからすごく楽しいよ。それに私も含めてだけど、白杖ユーザーの多くは白杖がいちばんと思っているんじゃないかな。いっしょに歩いてくれる人の予定を気にしたり気をつかったりする必要がないからね。

泉 盲導犬の場合は？

季 私の友人の盲導犬ユーザーは、「この子が私を守ってくれている」とよく言ってる。

泉 すごい信頼関係だ。

季 盲導犬ってほんとに賢くて「点字ブロック」とか、「ドア」と言えば、ちゃんとそこに連れて行ってくれる。以前待ち合わせをしたときに、遠くから「新納《にいろ》さん、新納さん」という指示の声が聞こえてきて、そしたら本当に私の立ってるところまで誘導してきたよ。

泉 憶えていてくれたんだね。それほどひんぱんに会っていたわけでもないのに。名前でわかるというのはすごい。

季 盲導犬も生き物やから病気になることもあるし。

泉 お腹をこわして苦しんでいた盲導犬、いたね。

季 安全を考えると、盲導犬と外出するのがいいとは思う。でも、まだまだ盲導犬といっしょだと入れないレストランやホテルがあって、困ることがある。以前サークルで日帰り旅行を計画したんやけど、盲導犬ユーザーが二人いて、お昼ご飯を食べる場所がなかなか見つからなかった。

泉 法律もあってキャンペーンもされているけど、なかなかうまくいかないね。

季 盲導犬であっても動物はお断りというホテルや、一つの部屋を予約すれば入れてもらえるけど、その場合には値段が高い会席料理を注文しないといけない。盲導犬一頭ならいいけど二頭もいるとほかのお客様の迷惑になるとか、いろいろあった。

泉　ほかのお客さんの迷惑か……。

季　食べ物を扱うお店だから気持ちがわからないわけではないけど。なんとかならないのかなあ。

泉　犬嫌いの人も、それなりの割合でいるしね。

季　急用があっても家族はいろんな用事があるし、ガイドヘルパーさんは予約しておかないと難しい。だから、基本的な杖の使い方はマスターしておいたほうがいいと思う。そしたら、いざとなったらタクシーも使えるし、駅員さんに頼むって方法もある。

使いやすい白杖は？

泉　白杖って、どういうのが使いやすいの？　白杖にもいろいろ種類があるよね。先端に白いボールのようなものがついたのを見たことがある。

季　白杖には、直杖《ちょくじょう》と折りたたみ式のがある。

泉　直杖っていうのは、まっすぐの折りたためない杖っていうことだね。

季　そう。杖は自分の前方の安全を確認するために、いつも左右に振って使うから、肩がこる。

泉　あんなのでも肩がこるんだ。じゃあ、軽いほうがよいっていうこと？

季　そう、軽いほうがよいけど、丈夫じゃなきゃいけない。暴走自転車に引っかけられたり、ラッシュアワーのときに、急いでいてまわりが見えてない人に蹴られて、曲がったり折れたりすることもある。
泉　命を守る杖なのに。
季　電車から飛び出してきた人に蹴り飛ばされて、プラットホームと電車の間に杖が落ちてしまったことだってあるよ。
泉　それで、どうしたの？
季　駅員さんが拾ってくれたけど、そのために仕事に遅刻してしまった。蹴り飛ばしても、そのまんまという人が多い。
泉　それだけ急いでいるんだろうけど。
季　白杖って、けっこう値段が高い。軽くて丈夫なのは、やっぱり高くなる。私が使ってるのは五千円以上する。新しいのにかえて、次の日に折られたり、曲げられたりしたら、本当に泣きたくなるよ。
泉　その頃は給料をもらっていたから所得制限があって、白杖購入の補助もなかったんだね。
季　レストランやコンサートなどに行くときには、小さく折りたたんで、カバンに入れたい。それに、白杖が折れたときのために、予備をカバンに持っていれば困らないしね。
泉　手引きしてもらうときも、場合によっては白杖をしまっておくほうがよいかもしれない。
季　だから、コンパクトに折りたためるもので、奇数に折れるのがいいね。
泉　何それ。奇数って。
季　なぜだと思う？

泉　まったくわからない。

季　偶数だと、たたんだときに杖の持つところと先端が同じところにくる。で、杖の先は、汚れることがある。杖はどんなところにでも、例えばあまりきれいでないトイレとか、汚れた道とかにも持って行くから。だから、杖の先は持つところにくっついてほしくない。

泉　へー、なるほどというか、なんというか。白杖をつくっている人って、そんなことまで意識してるんだろうか。たまたま長さの関係で奇数になったり偶数になったりしているのかもしれない。ユーザーのニーズっていうのは、本当に難しいものだね。

季　でも、これは、あくまでも私の場合。汚れなくてもなんとなく気持ちが悪いから。そのほかに、雨の日や夕方なども使うから、遠くからでも見えるような工夫が必要。

泉　最近の白杖は赤い色が入っていたり、反射するシールのようなものが貼られていたりするね。昔は、白一色だったりしたけど。

季　杖の話とは違うけれど、私は外出するときに、目立つ色のものを着たり、持ったりするようにしてる。今使ってる夏の帽子は白。冬のコートは真っ赤やオレンジ。それから傘はすべて派手な色のものを選ぶようにしている。自分の命を守るためにね。

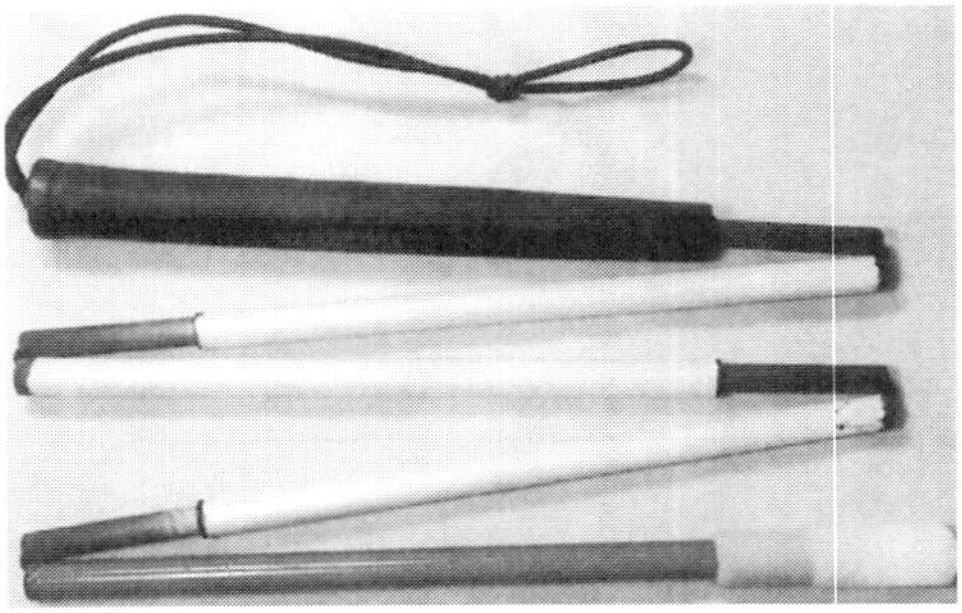

折りたたみ式の白杖――グリップは黒色、先端の段は赤色につくられている。この杖の重さは233グラム

地図ってわかりやすい？

泉 ところで、一人で白杖を使って外出する場合に、頭の中にはどんな地図が描かれているの？ 自分だと、東西南北のある大まかな地図があるんだけれど。

季 ほかの視覚障害者はどうだかわからないけど、私は東西南北では位置を考えない。もちろん自分が住んでいる家や慣れている場所でなら、方角はわかるけど。

泉 東西南北で道を教えられてもだめなんだ。

季 晴れてたら太陽で東西南北がわかることもあるから、そう教えられても少し時間をかけて考えたらわかるという程度かなあ。普段は前後左右で考えてる。

泉 うーん、点と点が線でつながったような地図なのだろうか。それとも、地図という感覚とはだいぶ違うのかな。よく駅や公共の建物などで、点字や凸凹を組み合わせた地図が壁に貼られているね。トイレの平面図もあったりするけれど、あの触地図って、どのくらいわかるんだろう。そもそも全盲の人は、あまり平面的な図から空間を復元して理解しようとはしないんじゃないかと思うんだけれど。

季 先天性の全盲の人で、空間把握が普通にできて、地図や図形が得意な人もいることはいる。

泉 そんな人もいるんだ。

季 私から見ると信じられないけどね。なんでそんなことがわかるの？ すごいって思う。

泉 でも多くはないよね。

季 うん、立体のものは、触ることができれば理解できるけれど、それを平面で表すとどうなるのかはわかりにくい。

泉　あの触地図っていうのも、やっぱり見える人の表現方法を触ってわからせようとしたもので、目の見えない人の立場からすると、もっとわかりやすい表現方法があるかもしれないってことだね。

季　全盲でも以前は見えていたという人はそうではないかもしれないけど、一度も見えてたことがない場合は、私みたいに地図はだめって人が多いと思う。たいていのものは、複雑すぎて説明してもらわないとわかりにくい。ちょっと考えたら理解できるものでも、急いでトイレに入りたいときには間にあわないよ。高いお金かけて設置してるはずなのに、役に立たないなんてもったいない。

泉　どれだけ有効利用されているのか、考えてみないといけないね。

季　それに触地図も点字の料金表もそこにあることが知らされないと使えない。トイレも建物も触地図ではなく、音声で知らせてくれるのが私はありがたいんだけどね。

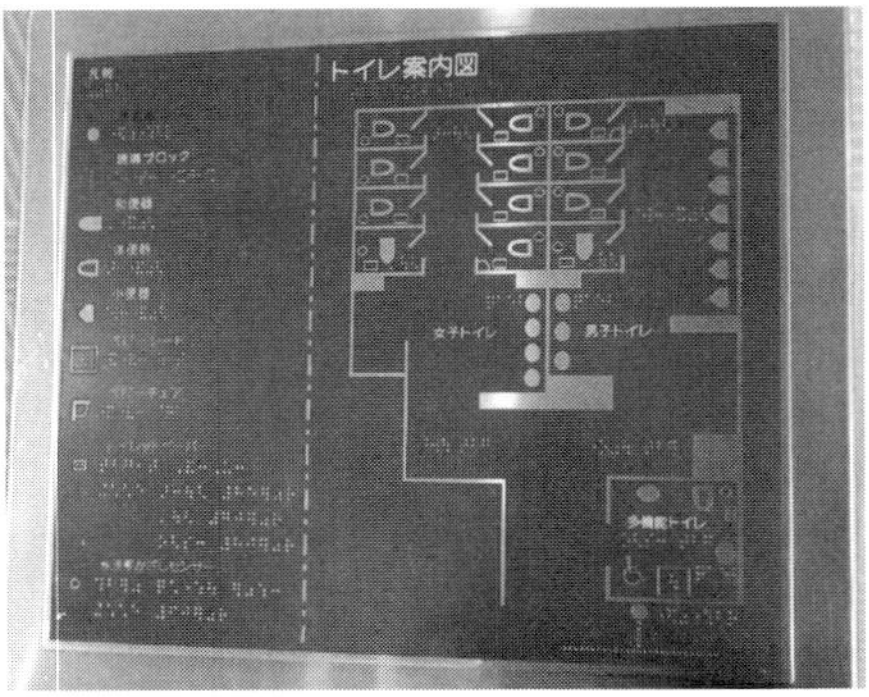

触地図——個室や手洗いなどの位置を凹凸のある線と点字で表している

点字ブロック

泉　ところで、最近は点字ブロックが本当に広まってきているけど、どのくらい役に立ってる？

季　とても役に立つよ。特に島形のホームや、階段の手前、横断歩道にはないと困る。

泉　島形のホームって、一つのホームの両脇に上りと下りの電車が来るような、ああいうの？

季　そう。一方が壁だったら、迷ったときにはとりあえず壁のほうに逃げられる。壁は、音の反射や気配でわかる。

泉　職場の階段で、下から二段目だけ段の幅が広くなっていて、そこに点字ブロックがつけられていた。あれって、上から降りていったら、そこで点字ブロックを踏んで、あー終わったと歩き始めたとたんに落ちるという、トラップのようなものじゃないかと思うんだけど。

季　うん、そんな点字ブロックなら害はあっても益はないね。ときどきなんのためにそこに点字ブロックが付けられているのかわからないものがある。それに沿って歩いていくと、行き止まりだったり、柱にぶつかるしかないっていうのが。

泉　設計する人が、実際に歩く人の身になって考えてほしいんだけど、なかなか難しいのかな。それでも、そんな役に立つ点字ブロックが、日本の岡山で考案されたってこと、あまり知られてないね。

季　私も岡山に来て初めて知った。

泉　その点字ブロックが世界に広がっている。ヨーロッパでは、すっかり普及したね。点字に匹敵する発明といったら大げさかな。でも、ヨーロッパの人は誰も日本でつくられたとは知らないだろうね。

季　以前は点字ブロックがまったくなかったイギリスで、一気に広がっていた。ドイツの点字ブロックはブツブツが小さいし、真ん中に信号のポールがあるし、びっくりしたけど。

泉　そんなありがたい点字ブロックだけど、その上に自転車がよくとめられているね。

季　自転車だけではないよ。以前に、ある視覚障害者のための施設に行ったときのことなんやけど、そこは、地下鉄の駅から外に出ると、施設まではべた敷きの誘導ブロックがある。

泉　べた敷きの誘導ブロックっていうのは、点じゃなくて平行線の突起のあるブロックが、途切れることなく敷いてあるものだね。そこを歩きなさいと。

季　そう、だからそれに沿って歩いて行ったら、水が入ったバケツが置いてあって、それを蹴ってしまって、靴とスカートが濡れた。

泉　それは災難。きれいな水だったのかな。

季　気持ちが悪くてプンプン怒って歩いていると、今度は自転車がとめてあって、倒してしまった。

泉　悪いことは続く。

季　しかたなくそれを起こしてまた歩き出した。そし

世界に広がる点字ブロック——左上・点字ブロック発祥の地、岡山市中区原尾島　左下・イギリスの歩道はポールで守られている　右・ドイツの点字ブロックは突進するとポールにぶつかる

たら次は陽だまりに犬が寝てるか座ってるかしてて、踏んでしまった。犬はびっくりしてキャンキャン鳴きながら逃げていったけど、私もびっくりして悲鳴をあげた。一〇分もあれば着ける所なのに三回も災難にあったんよ。

歩きにくい道って？

泉　前に、自転車で怒っていたことがあったね。

季　岡山で商店街から帰る途中、道の真ん中に自転車が放置してあってね。杖があたって倒れたの。荷台に置いてあったものも落ちてしまった。私はたくさん持ってた荷物をとりあえず下に置いて、自転車を起こして落とした荷物を乗せようとしてたら、持ち主が帰ってきて、すごい剣幕で怒鳴られたよ。さすがに私も腹がたって、「そんなに大事な自転車と荷物なら、道の真ん中に置かないでください」と言い返すと、「ここは、道の真ん中じゃありませんよーだ」だって。家に帰っても怒りがおさまらなかった。

泉　婚姻届の手続きに行った日だったのに。記念日が台無しになったような気がする。

季　自転車のことを話せばきりがないね。大阪では、よく当て逃げにあった。果物好きの娘に、出始めたばかりのイチゴやリンゴを奮発して買って、帰る途中に自転車にぶつかられた。袋はボロボロ、果物からは汁が出て、悲惨なことになってる。あたった人は「あー！」と声を出すだけでほとんどがそのまま走っていってしまうね。

泉　それって、子どもじゃないの？　大人でもそのまま？

季　もちろん。こんなことにならないように、壊れやすいものはできるだけ道路側に持たないようにしてるけど、杖は右手でないと使えない。重い荷物と杖はいっしょに持てないから、いつもそうできるとは限らない。

泉　そりゃそうだ。

季　それと、自転車が並んでとめてあって、ちょっとぶつかっただけでバタバタと全部倒れたときには、もう情けないし腹もたつ。

泉　晴眼者もよく倒しているけど。起こす人もいれば無視の人もいるね。

季　こんなことは、急いでいるときに限って起こるんだから。

泉　実際に歩く話に移りたいんだけど、どんな所が危険?

季　いちばんいやなのは、歩道をふさぐように車がとめてあること。

泉　歩道っていうのは、横断歩道じゃなくて、道のわきにあるほうの歩道だね。

季　そう。車で歩道がふさがれてると、車道の交通量が多いときには通れない。

泉　歩道に乗り上げて車をとめてるのってけっこうあるよね。まえに、コンビニに納品するための大きなトラックがそうやってとめてあって、盲導犬がどうしていいのかわからず困っていた。しかたがないので車をとめて、車道のほうを案内したことがある。このほかにも歩くときの障害物はけっこうあるだろうね。

季　歩道に看板や棒なんかが突き出ていることがときどきあるけど、あれはとても危ない。高いところにあるものは、白杖ではわからないから。

泉　目のまわりにアザを作ってたことがあったね。

季　それから、お店の品物が道まで飛び出して並べてあるのは困るね。品物落としたりして、文句言われることもあるよ。障害物ではないけど、道の脇の溝が怖い。特にかぶせてあるふたが一部だけないっていうのは、こちらもふたがしてあるつもりで歩くから危ないときがある。

泉　これはけっこうありそうだね。ほんとは子どもなんかにも危険なんだろうけど。ところで、都会でも苦労は多いけど、田舎の人はどうしているんだろう。

季　車が少ないのは良いけど、危ないところがたくさんあるね。川なんかのわきにガードレールがないところとか、田んぼの中の道。ちょっと間違えたら落ちてしまう山道。雨の日には音が聞こえにくいから、道に迷いやすい。こんなところを歩いていて、もし転落したらケガですまないかもしれない。それからもう一つ困るのは、人が少なくて、道に迷ったとわかっても聞くことができない。

泉　たしかに。

季　岡山で毎日のように買い物に行ってるスーパーは、片道三〇分ぐらいかかるけど、時間によっては、行って帰るまで誰ともすれ違わないことがあるね。

泉　こればかりは、対策の施しようがないように思うけど、みんなどうしているんだろう。

季　しかたないから、タクシー使ってるっていう人が多い。命には代えられないけど、高くつくね。だから出身地の田舎には帰りたくないって言ってる人がけっこういるよ。

公共交通機関

泉　次は、電車やバスの話。まずは切符の買い方から。駅の券売機は、慣れたら使いやすくなるの？

季　ある程度は。でも、全部の券売機に点字がついてるわけではないからね。

泉　そうなんだ。

季　どの駅でも同じ場所、例えばいちばん右にある機械にと決めておいてもらえるとか、点字がついているところは音声で教えてくれるとかしないと、長い列に並んでやっと順番がきても買えないってことがある。

泉　そうなったらどうするの？

季　そんなときはたいてい誰かが手伝ってくれるけど、そのために電車に乗り遅れられたら申し訳ない。だから、最近はカードを使う。

泉　あっ、そうか。カードは、鉄道の各社使えるのがあるから便利だね。障害者割引はどうするの。

季　障害者割引が一人で使えるのは一〇〇キロを超える長距離の場合だけだから、普段はあまり使わないけど、そのときは係員がいる窓口で買う。

泉　使いにくいと言っていたみどりの窓口は、どうすれば使いやすくなるんだろう。窓口が複数で列は一つというのはいろんなところで増えてきているし、整理券なんてのもあるね。

季　例えば入り口を入ると、「御用の方はこちらへおこしください」というような音声案内があると助かるね。岡山駅には呼び出しボタンがあるんだけど、音声案内がないから教えてもらうまで知らなかった。

泉　なるほど。優先窓口みたいなのをつくっておくってことかな。待つのはみんなといっしょでもいいから、わかりやすくしてほしいね。

季　電車の乗り降りは一人歩きに慣れている人でも困ることがある。そのような場合の相談窓口をつくってもらえるとありがたいね。

泉　そういうこと、きちっと要請をしているんだろうか。みんな文句ばかり言って、実際には誰もお願いしていないってこと、ない？

季　個人でというのも難しいから、例えば、各都道府県にある視覚障害者協会のような組織が、年に一度ぐらい日常生活で困っていることをまとめて、関係のところに要望していくことも必要だと思う。みどりの窓口については、たぶん不便を感じている人は多いと思うけど。言われてみないと気づかないことってたくさんあるからね。

泉　バスの利用で困ることはないの？

季　最近のバスは、行き先を音声で教えてくれるし、カードを使えば料金も支払いやすくなったね。

泉　行き先だけじゃなくて、停留所の名前も言ってくれるし。

季　ただ、最近は、乗ったらすぐに座席に座るように言われるけど、どこが空席なのかわからなくて、立ってると「早く座ってください」って言われることがある。

泉　運転手さんの安全確認義務みたいなものなのだろうけど、その点はまだマニュアルができていないのかな。けっこうきつく言われることがあるね。

季　それと大きなバスターミナルでは乗り場がわかりにくい。朝早くや夜遅くには聞く人がいない。近づくと、「ここは○番乗り場です」って音声が聞こえたら助かるな。

目的地を探す

泉　電車に乗って、バスに乗って、目的地に着いたとしても、行き先の建物が見つけにくいっていうことはよくあるよね。

季　初めてのところに一人で行くときは、やはり苦労するね。公共の建物や大きい病院の入り口などにはチャイムや音の設備をつけてほしい。騒音の問題で難しいところもあるのかもしれないけれど、音を工夫するとか、センサーで入り口に近づいたときにだけ音が出るとか。

泉　ピンポーン、っていう、いかにもという感じのものもあるけど、慣れたら別にきれいな音楽でも、ともかくそこだっていうことがわかればいいんだよね。

季　うちの家のように、団地になっているところは、道がほぼ碁盤の目みたいに整備されていて、どの道を歩いても同じ感じがする。それに、家と家の間がそれほど広くないから、家を探すのはちょっと難しいね。私なんかは自分の家でも見つからなくて、その辺りをうろうろしてることもあるよ。そんなとき、お隣さんのワンちゃんがほえてくれたらうれしくなるね。

泉　そういえば大雨で感覚がつかめず、家に帰れなくて、よその家のカーポートの下に入っていたことがあったね。

季　そうそう、ご近所の人が助けてくれた。

泉　普段は音がせずに、こちらの側が信号を送ったら音を出してくれるような格安の機械はできないかな。目印をつけておきたいところに挿したり挟んだりしておけると便利だと思うけど。

季　それは、家の玄関より、ものが出てこなくて困るときがよくあるから、自分の持ち物を探すのに便利なものがいいな。

泉　家じゅうに置いておかなきゃいけないね。そのうち、どれがどの音だったか忘れてしまったりして。

季　建物の入り口もだけど、ビルのエレベーターで困ることがある。

泉　押しボタンがわからない？

季　押しボタンのところに点字がほしいのはもちろんだけど、今何階であるかを知らせてくれるエレベーターはまだ少ない。点字がついていて、ボタンを押すことはできても、とまったところがどこなのかがわからなければ降りられない。誰も乗ってなくて困ることがよくあるよ。

泉　何階です、って言うだけなら、点字をつけるより簡単にできるかもしれない。

トイレは手ごわい

泉　外出したときに、トイレは困ることが多いね。最近のは複雑だし。

季　トイレットペーパーの場所とか、洗面所や石けん、ハンドドライヤーを見つけるのに時間がかかることがある。それでもそれはたいていなんとかなる。いちばん困るのは、特に最新式のトイレで、どうしたら水が流れるのかわからないとき。

泉　手をかざすだけで流れるっていうのもあるし、本当に難しそう。

季　ウォシュレットが付いてるのはうれしいんだけど、いろんな小さなボタンがあって、どれが流すときのボタンかが、点字がないとわからない。

泉　あれって、あんまり点字や目印が付いていないいんだっけ。

季　意外に、「流す」っていういちばん重要なボタンが点字も目印もない。間違って押して水が止まらなかったらどうしようって思うと流せない。流せないと出てこれない。

泉　係員を呼ぶっていう、緊急呼び出しのボタンを押してしまったりして。

季　そうそう、係員を呼ぶつもりではなくて、間違えて非常ボタンを押したことは何回かあるよ。一生懸命探しても見つからなくて、しかたなく誰かに聞くことにしてドアを開けたとたんに流れたというのもあったね。

泉　賢い機械というのか、なんというのか。

季　以前、大阪の私鉄でトイレを使ったとき、個室に入ると「水は自動的に流れます」という音声が流れてうれしかった。

泉　すごいね。

季　やっぱりこんなふうに音声で教えてもらえるのがいちばんありがたい。新幹線のトイレにはたいてい点字が貼られている。それはそれでうれしいんだけど、トイレによって点字がある場所が違うから見つけにくい。

泉 ところで、男性が女性用トイレの案内をするのってけっこう困るよね。

季 そう。男性といっしょだと、入り口のところまでしか来てもらえない。ちらっと中をのぞいてもらうか、先に男性用のほうに入ってもらうかして、だいたいの構造を教えてもらってる。

泉 男性が女性用トイレの構造を確認するのはテクニックを要する。のぞきすぎて出てくる女の人と目が合ったりすると気まずいから、いかにさりげなく瞬間芸で見るか。

季 それなりに努力してるんだ。

泉 それでも普通は途中に段差がないかとか、どっちの方向に個室があるかとか、そのくらいが限度かな。最近は障害者用トイレを使うっていう手を憶えたけど。

季 それから、汚れているのは困る。だから、和式の個室に入ったら、スカートを持ち上げながら動く。洋式なら、まずトイレットペーパーを探して、さっと便座をふいてから使うようにしてる。それほど差し迫っていなければ、水を流すボタンも先に見つけておく。

泉 以前、新幹線のある駅で、トイレにダメ出ししたことがあったね。

季 そうそう、思い出した。

泉 入り口まで点字ブロックが敷かれているし、外側には中の構造を書いた触地図があって、そのうえ入り口に近づくと女性用か男性用かとか、向かって右に六段の階段があるって音声で案内までしてくれる。トイレとしては、かなりしっかりしていると思ったんだけど？

季　音声案内は、「こちらは女子トイレです。入り口は正面右側で六段の階段があります」というもの。何が悪いか、すぐわかった?

泉　さっぱりわからなかった。

季　何より知りたいのは、階段が上りなのか下りなのかということ。上りだと思い込んでいて下りの階段があると、転んでしまうかもしれない。危険を防ぐための案内が、何よりも大切。

泉　そうなんだ。でも、階段といわれたら気をつけるんじゃないの?

季　もちろんそうだけど、「上り」というごくごくわずかな言葉を加えるだけのことで安全性が高まる。きっと設置費用はまったく変わらないと思うし。

泉　なるほど、それなりにかなりの設置費用を投じてつくってくれているんだと思うけれど、それだけお金をかけるなら、ほんのわずかな心づかいがほしいってことかな。

季　利用者に相談するとか。

泉　あと少しの心づかい。あと一歩。でも、そこがいちばん大切なのかもしれない。

2 支えられて楽しむショッピング

アテンダントサービス

仕事をしていたときの楽しみは、帰りにデパートの食料品売り場でおいしい物を買い込むことだった。最初の頃は一人で行くのは、自宅の最寄り駅沿線にある小さいデパートに決めていた。そこは、食料品売り場が一階にあり、店舗数はそれほど多くはなかった。私が行くことのできる時間には買い物客で混雑することはあまりないので、歩きやすく、お目当ての店も楽に見つけることができた。売り場の方はみなさん気さくで親切だった。「今帰り？　今日は〇〇がおいしいで」などと声がかかる。うれしくなって、パン、ケーキ、生鮮食料品などたくさん買い込んだ。

大きいデパートにも、ときどき行くことはあったが、一人で行けるのは比較的静かなお菓子売り場だけだった。生鮮食料品売り場は混雑していて、呼び込みの声が大きく、まわりの音が聞こえないので、どこを歩いているのかわからなくなってしまう。上の階の婦人服売り場にも子ども用品売り場にも店舗がたくさんありすぎて、どこが良いのか一人では決めるのが難しかった。そんなわけで、大きなデパートには友人か家族にいっしょに行ってもらうことにしていた。

ところが一五、六年前のことだったと思うが、大きいデパートでなければ買えないものが急に必要になった。いっしょに行ってもらえる人を探したが、その日は見つからなかった。思いきって通勤途中の駅で下車し、デパートの案内所に行って買い物の手伝いをお願いすることにした。うまくいくだろうかと少し心配だったが、快く私の依頼を受け入れてくださった。買い物が終わったときに、「またいつでも遠慮なくいらっしゃってくださいね」と、うれしいことを言ってもらえた。これをきっかけに、ときどきそのデパートで買い物の手伝いをお願いするようになった。

その後しばらくすると、案内所でお願いすれば、中で待機しているインフォメーション担当の方が呼ばれてアテンドしてくださるというシステムができて、とてもありがたかった。しかし、最初の頃は、私一人に対して二人の方が来られた。一人が私の手引き、ほかの一人が私が買った品物を預かって私たちの前を歩きながら、「おそれいります。通路をお空けくださいませ」と大きな声で言われる。これではまるで何かの行列の露払いのようで、とても恥ずかしかった。そして何よりも、忙しい仕事の合間の待機の時間に二人も来ていただくのは申し訳ない。買ったものは自分で持つのがあたりまえである。視覚障害者の場合は、一人来てくだされば十分だと思った。

何か良い方法はないかと考えたあげく、「車イスの人の場合はお二人で来ていただいたほうがいいのかもしれないんですが、視覚障害者の場合は、お一人で十分ありがたいですよ」と、アテンダントをお願いするたびに言うことにした。そのためかどうかはわからないが、そのうちアテンドをしてくださる方は一人になった。少しほっとした。

大きいデパートには多くの専門店が入っているので、珍しいものやおいしいものがたくさん見つかった。一週間の仕事が終わり、ほっとする週末の夕方には、案内をお願いして、地下の食料品売り場で買い物をすることが私のストレスの解消だった。平日は、朝食をゆっくり食べることはほとんどない。流し台の前でお弁当を作りながら、行儀悪く適当に食べるのが現実だった。だから、休みの日には、おいしいパンとコーヒーでゆったりと朝食を楽しみたかったし、紅茶を飲みながら、大好きなケーキでティータイムもしたかった。そして食卓には少し贅沢なハムや肉も並べたいと思った。

仕事帰りなので、同じような時間に行くことになった。案内の方も勤務時間帯の関係でそうなるのだろうが、何度も同じ方が来てくださった。ベテランの方は、落ち着いたていねいな接客態度で、てきぱきと案内をしてくださるし、働き出してまだ間がなさそうな若い方は、ういういしくてかわいらしい。さすがにプロでみなさんとても感じが良い。お互いに慣れてくると、歩きながらいろいろなことを話した。中には故郷から遠く離れて一人暮らしの方もおられ、なかなか帰れない故郷の話を聞かせてくださることもあった。また新しい店を開拓したくて、「ケーキはどこのがおいしいですか？」と聞くと、「私の好みですが、○○の○○が私は好きです」と、ほかのお店に気をつかいながらも、私が知りたいと思う情報を教えてもらえた。

デパートでは、ときどき各地の物産展の会場ができる。そんなときには休みの日にも出かけた。買い物客は普段よりずっと多いので、インフォメーションの仕事だけでも忙しいだろう。申し訳なく思いながらも長い行列ができている人気店の前にいっしょに並んでもらった。その土地に行かなくても珍しい名産品が手に入るので、旅行好きで食いしん坊の私はテンションが上がる。「今日はアテンドはお客様で四人目です」と聞いて、私と同じような方がおられるのだと笑ってしまった。

食料品以外にも、結婚・出産のお祝いの品や、ちょっとしたプレゼントなどは、アテンダントの方と選ぶようになった。候補の品を考えておけば、選ぶのにそれほど時間はかからなかった。形を触らせてもらって、色を説明してもらう。迷ったときには、「どちらがかわいいと思われますか?」などと聞いて、アドバイスをしてもらって決めた。

しかし、服や靴を選ぶには、試着も必要であるし、長い時間をかけても買わないことになる可能性がある。それではあまりに申し訳ない気がして、このようなものを選ぶときには、気をつかわなくてもいい母や姉、娘や友人にいっしょに行ってもらうことにしていた。

仕事が遅くなり、閉店近い時間に行くこともあった。「おそれいります、ただいまの時間はスタッフが少なくなっておりますので、今後はできましたら早い時間にお越しいただけますでしょうか」と、数度言われたことがあった。余裕のない中でのサービスなのだ。このようなサービスは、最近の「合理化」で人員を減らしているため、担当者の負担が大きくなってきているのではないだろうかと心配である。

参考のため、今述べたデパートのほかに、大阪にある四社と岡山の二社に問い合わせてみた。大阪の二社と岡山の一社では、勤務の都合上、途中で案内者が代わることがあるかもしれないが、ずっと付き添ってくれるという。そのうちの一社では手引きのしかたの研修会をしているそうだ。あとの三社は、まずインフォメーションに行って買い物の手伝いをお願いすると、最初の売り場まで連れて行ってもらえる。その後は売り場から次の売り場へとリレー式に引き継がれるらしい。

良いものを選ぶには

結婚した頃には、岡山駅と自宅との間にある昔ながらの商店街でよく買い物をしていた。店の方といろいろ話しながら買い物をするので、だんだん気心が知れてくる。「今日は、何がおすすめ？」と聞くと、「○○がでーれーおいしいで」と、旬のプリプリの新鮮なおさしみや、小さくて形は良くないけれど、安くて甘い白桃などを教えてもらえる。精肉店には、牛肉・豚肉・鶏肉、その場で必要なだけ切ってもらって買えるおいしいハムなどが売られていた。「すみません。鶏肉の皮、剥がしてもらってもいいですか？」というようなわがままも聞いてもらっていた。

ところが引越しをしたために、その商店街で買い物をすることができなくなった。最近、懐かしいその場所に行って驚いた。お世話になっていた店はほとんど飲み屋さんや事務所に変わり、シャッターを下ろしたままのところも多かった。以前のような活気がなく、時代は変わってしまったのかと寂しくなった。

私のように目が見えない者が買い物をするには、信頼のおける小売店がベストだと思う。しかし、最近はどこでも小売店が少なくなってしまった。デパートは楽しいけれど、案内をお願いするということは、その人の仕事を止めてしまっているか、休憩時間を減らしてしまうことになるので、担当してくださる方の負担が大きいのではないかと気になる。

最近は、スーパーマーケットで買い物をすることが多くなった。サービスカウンターに行って、買い物の手伝いをお願いすれば、案内してもらえる所が増えてきた。たいていはレジや品出しの担当者が呼ばれるので、混雑するお昼前や夕方は、できるだけ避けるようにしているが、これは専業主婦になった今だからできることである。買い物の手伝いに来てくださる方は、見て選べない私のために、できるだけ新鮮できれいなものを探してくださる。

アルバイトの高校生や大学生も多い。「おばちゃん、今日はもうきれいなイチゴ残ってないよ。やめとくほうがええかも」と無邪気に教えてくれる子もいる。しかし、困ったことに、中には依頼した品物がどんなものなのかわからない子もいる。魚の種類を知らないのはいいほうで、絹ごし豆腐と木綿豆腐が読めなくて、困って聞きに走る子や、シメジを頼むと、「シメジ、シメジ」と言いながら一生懸命探してくれたけれど、家に帰って袋の中を見ると、エノキが入っていてびっくりした。その場で触って確かめなかった私が悪いので、苦笑するしかなかった。

若い子が手伝ってくれると、このようななんとも言えないハプニングもあるが、慣れない手引きをしながら一生懸命品物を探してくれることに感謝している。

ベテランの主婦たちの中には、安くておいしそうな品物を教えてくれるだけでなく、その料理のしかたまで説明してくれる人がいる。お弁当のおかずにとピーマンを買ったときに、「ピーマンはな、おジャコと甘辛くいためてみ。おいしいで」と言われた。その日の予定にはなかったが、ジャコを買いたして作ってみると、ご飯によく合う一品だった。

このように良いことを教えてもらうと、また出会えたときに、「この前のおかず作ってみたよ。すごくおいしかった。ありがとう」と必ずお礼を言う。すると、また別のものを教えてもらえることもある。

こうして毎日たくさんの方に支えられて買い物を楽しんでいるのだが、悲しい気持ちになってしまう出来事も、まれにある。

小学生だった娘の遠足のお弁当に使おうと、ある店の店長に案内してもらってブロッコリーを買った。

「ママ、今日のお弁当のブロッコリー、黄色かったよ。おいしくなくて食べられへんかった」と、ブロッコリー好きの娘が悲しそうに言った。いつもは給食なので、久しぶりのお弁当を楽しみにしていただろうにと思うと娘に申し訳なくて、私も悲しくなった。時間がなくて、味見もせずに入れてしまったことを反省した。

品物を選ぶときには、桃のように触れると悪くなるものは別にして、トマトやブドウなどはラップの上にそーっと指を置くと、皮がピンとはって新鮮であるかどうかがわかる。いつも、「ちょっと触っていいかなあ?」と聞いて確かめることにしている。しかし、ブロッコリーは新しくても茎が堅く実の部分もガサガサしているので、よほどひどいものでない限り鮮度はわかりにくい。袋に入っていれば、なおさらである。そのときのブロッコリーは、しなびた手触りではなかったので、気づけなかった。ゆでているときも、いつもと変わらないブロッコリーの匂いに思えた。

季温子
kioko

対話 その2

泉
izumi

デリバリーサービス

泉　商品を配達してもらうというのは便利？

季　一週間に一度配達してくれるところがあるんだけど、そこは品物が届いたときに次の週の注文リストを渡さなければいけない。

泉　注文の方法が問題なんだね。

季　私たちは、品物のリストを読むのが難しいし、一人では注文書をうまく書けない。それで視覚障害者の団体が交渉して、録音されたリストが来るようになって、注文は電話で受けてもらえるようになったところもあるって聞いたことはあるけど。

泉　品数が多いと録音されたリストを聞くのも時間がかかると思うけど、電話だといろいろ聞くことができて便利かもしれない。高齢の方が多くなるし、これから配達方式を使う人が増えていくのかな？

季　私は、利用したことがないけど、電話で頼むと届けてくれるスーパーが増えてきて助かるって友人が言ってた。特に雨の日は、配達してもらえるとありがたいよね。

泉 たしかに。荷物と、傘と、それに白杖っていうのは大変だ。

季 私は、今はいろんな話をしながら自分で選ぶのが楽しい。店の人にはお手数かけるけど。専業主婦になったから、買い物に行かないと外出することが少なくなってしまうしね。でも、もっと年をとって出かけるのがつらくなったら、きっと毎日配達をお願いすると思うよ。

泉 インターネットで買い物する人も増えてきたね。商品名などがはっきりしているものだと、ネット通販は便利。

季 買い物に時間をかけなくてすむし、ネットの方が安いことがあるよね。

泉 ネット通販の場合、どんなふうに注文するの?

季 私はパソコン苦手やから、ネットで買ったことないけど、音声を聞きながらネットでばんばん注文してる人はそれなりにいるよ。だけどそんな人でもうっかり間違えて注文してしまったり、写真が見えないから、思ったものとはまったく違うのが来て、びっくりすることがあるって聞いたことある。

支払いの方法

泉 お金のトラブルはないの?

季 レジを打つときのミスで、買ったものの合計額が違うことはときどきあるよ。でも、間違いはその場で気づくことが多い。

泉 計算してるんだ。

季　買い物をするときには、値段を教えてもらうことにしてる。あまり高いのは買いたくないからね。たくさん買いすぎてわからなくなってしまうこともあるけど、いつも大まかに暗算してるから、だいたいの金額は予想できる。小学部のときにそろばんの特訓を受けてて、暗算は得意。

泉　お釣りが違ってたりはしない？

季　たいていのお店では、声に出して言いながらお釣りをゆっくり手渡ししてくれるようになった。そのためかどうかはわからないけど、間違いは最近ほとんどないね。

泉　ひとまず三千円を、つぎは五四〇円のお釣りとレシートです、っていう感じかな。

季　それでも私はレジがすんだら、邪魔にならないように横によって、お釣りを分類して財布に入れてる。こうしてると、もし違っててもすぐに言えるしね。お札も小銭も使いやすいように分けておいたほうがいい。だから財布を買うときには、入れる場所がいくつかに分かれてるのを選ぶ。お釣りは、くれた人の目の前でしっかり数えるって言ってる人もいるけどね。

アイルランドのスーパー

泉　アイルランドにいたとき、一人でスーパーに買い物に行ってたね。

季　二〇一二年の八月から六カ月間滞在したときのことやね。

泉　以前にイギリスに長期滞在したことがあって、そのときは近くに個人商店があって助かってた。

季　いちばん気にしてたのは、一人で毎日の買い物がしやすい場所で家が借りられるかどうかということだった。

泉 インターネットで地図や街並みを見て調べたけれど、あまり細かいことまではわからなかった。

季 行ってみたら、家の近くには小売店はあったけど、イギリスのときと違って商店街になっていないから、一つの場所に行けば毎日の品物がそろうわけではなかった。

泉 交通量の多い交差点を渡らなければならないということもあったし。

季 交差点を渡らずに行ける、徒歩で七、八分ぐらいのところにスーパーがあって、そこで買い物をするのが便利だと思った。でも、日本でしてるように、サービスカウンターに行って頼めば手伝ってもらえるのかが問題だった。

泉 イギリスでも、目の見えない人が一人で外出するっていうのはあまり多くなかったように感じた。

季 それに、アイルランド訛りの独特な英語を話す人たちと、うまく会話ができるのか心配だった。

泉 アイルランド英語は、発音がだいぶ違うからね。アイルランド語の発音が強い影響を与えている。五はフォイブで、九はノイン。

季 スーパーまでの道は憶えたけど、外国では一人でスーパーに行ったことがなかったから、なんとなく不安で、しばらくは躊躇《ちゅうちょ》してた。でもいつまでもそんなふうにしてられない。決心して出かけた。

泉 そんなに決心が必要だったんだ。

季 サービスカウンターで買い物の手伝いを頼んだら、「あなたは、これからずっと来るのですか?」と聞かれた。

泉　それは、なんとなく来てほしくない、という感じ?

季　「来ます!」と言うと、とても困っている様子だった。白杖を持った変な英語を話すアジア人のおばさんが来た。どうしよう?って感じやった。

泉　それまで来た人はいなかったんだろうか。

季　長い間待ってやっと女の人が来てくれた。買い物が終わってお礼を言ったときに、「私はこの近くに住んでいます。また手伝っていただけますか?」ってお願いしたら、「時間があればね」って言われてしまった。もう行きたくないと思った。

泉　そんな思いをすることって、最近は日本ではあまりないよね。

季　この国の視覚障害者はどこで買い物をしてるのだろうと不思議だった。それでも行くしかなかった。何度も行って、店の人に慣れてもらうしかないから。

泉　ここで気持ちがくじけたら、一人では買い物に行けないから…。

季　なんとなく憂鬱《ゆううつ》な気持ちで何度か通った。そんなある土曜日のお昼前に行ったときのこと、サービスカウンターに行く前に、この店の人らしい男性に声をかけられた。「ぼくは、この店のものです。よかったら、買い物をお手伝いしましょうか?」って。あの店でそんなふうに言われたことなかったから、ちょっとびっくりした。

泉　アイルランドの人は、それなりにフレンドリーだから。

季　その人は、少しでも質が良くて、新鮮な品物を探して選んでくれた。「これは、油が少し多い。健康に悪い」とか、「これは、賞味期限が近すぎる」とかブツブツひとりごとを言いながら、並べられた品物を見て、「よし、これがいちばんよい」と言って、かごに入れてくれた。

泉 何歳ぐらい？ どんな立場の人だったんだろう。

季 よくわからなかったけど、四〇歳は過ぎてるかなあ？ 最初は店でどんな立場の人なのかわからなかったけど、そのうちにひょっとしたらちょっとえらい人かもって思うようになった。

泉 それなりに上役だったのかな。

季 信じられないくらいていねいな人だった。買い物が終わったときに、彼は、自分の名前と勤務しない日を教えてくれた。カウンターで彼を呼び出してもらうように。そうすればいつでも手伝うと言ってくれた。でも、本当にそんなふうにしてもいいのかとちょっと迷ってた。

泉 アイルランドの人って、なんとなくアバウトな感じがするんだけど、そんなきちょうめんな人もいるんだね。

季 ところが、その次に、私が店に入っていくと、頼んでもいないのに彼の名前を呼ぶ店内放送が聞こえた。びっくりした。

泉 前に行ったあと、従業員の人たちの間で話題になってたんだろう。みんなでおしゃべりしている様子が目に浮かぶ。

季 それからは買い物しながら楽しく話すようになった。アイルランドのことをいろいろ教えてもらった。おすすめの食べ物は、ギネスビールで煮たアイリッシュシチューと、一キロ以上もあるベーコンのブロックを煮込んでつくるベーコン・エンド・キャベッジ。その作り方まで説明してくれた。

泉　旅行のガイドブックにもアイルランドの料理として載っているけど、やっぱり定番の家庭料理なんだ。

季　私が頑張って作ってもアイルランドの人が食べてるのと同じ味が出せるとは思えなかったから、パブやレストランで本物を食べた。絶品やったー！

泉　家で一キロものベーコンを料理しても二人では食べきれないしね。

季　その人も日本や日本語に興味をもってくれて、あいさつや、数字、私が買った品物の日本語などいろいろ聞かれた。憶えるのがとても速くて、あいさつはもちろん、私が買う品物を日本語で言いながら探してくれたり、レジでは金額を日本語で教えてくれたりした。

泉　その人ではなかったかもしれないけど、「チーズはチーズ」って面白がって言っていた人がいたね。

季　ほかの人たちもだんだん慣れてきて、私が行くと、すぐに誰かが声をかけてくれるようになった。彼が休みの日や忙しいときには、「今日は○○は、お休みだから」とか、「今○○は、忙しいから」と説明して手伝ってくれた。あまり店が混まない時間を選んで行くので、手が空いている人が、買い物をしているところにやってきて、日本語のあいさつや、私が買った品の日本語を聞いてくる人も現れた。

泉　やっぱりアイルランドの人は、最初は少し身構えるけど、慣れてくるとフレンドリーなんだ。

季　そして、あんなに憂鬱だった買い物が楽しくなった。雨がひどくて出かけられない日は、ちょっとがっかりしていた。ダブリンを離れる日が近づいてきて、「あの店に行って、あの人たちに会うことはもうない」って思うと本当に寂しかった。

腐った卵

泉 最後に、うまくいくばかりではないという話を。さっき書いていたブロッコリー以外にも怒っていたことがあるんじゃなかったっけ。

季 あれも婚姻届を出した日のことやった。生鮮食料品は、商店街の店で買うのが良いけど、調味料なんかは、スーパーで買うことになる。だから近くのスーパーに慣れておこうと思ってだいたいの場所を聞いて出かけた。案内してもらって、卵を買った。甘いものが好きなだんなさまに、デザートのプリンを作ろうと思ってね。

泉 あの、道にとめてあった自転車を倒した日？　悪いことは続く。

季 一つ卵を割って、指でそーっと触ってみた。卵が元気かどうか確かめるのにいつもこうしてる。

泉 なるほど、そうやって卵の鮮度を確かめるんだ。

季 何か変。匂いをかいでみた。やっぱり変。夏だからこんなこともあるだろうと思いながら、二つ目を割ってみた。これもだめ。一〇個全部だめだった。

泉 そんなこともあるんだね。

季 これからのことがあるので、次の日行って、腐っていたと言うことにした。何も買わずに苦情を言うのは気がひけたので、さしあたって必要ないけど、そのうち使う砂糖とお茶づけ海苔を買うことにした。案内してくれたのは前の日と同じ女性だった。

泉　同じ人だと、言いやすいような、言いにくいような。

季　「きのう買った卵、みんな腐ってました」と言うと、「うちの品物は新鮮だからそんなはずはありません。あなたは目が悪いから腐ってるかどうかなんてわからないでしょう」と怒った口調で言われた。

泉　すごいことを言うね。

季　「じゃあ、目が見えない人は腐った卵をわからないで食べるということですか」と言い返すと、「そうです」って。こんな人に今まで会ったことがなくて、本当にびっくりした。

泉　さすがに、そこまで言うとは。

季　「あなたではだめです。店長を出してください」と言うと、「店長はいません」って言って、呼んでくれなかった。

泉　そう言われたら、引きさがらなければならないのがつらいところだね。

季　どうしても気がおさまらなくて、家に着いてから抗議の電話をかけた。「申し訳ありません。新しい卵を持っておうかがいします」と、店長らしき男性が「卵を持っていく」を繰り返した。「卵がほしくて言っているのではないよ」と思って悲しくなった。

3 子育てあの手この手

娘の誕生

一九九一年四月、待望の女の子が誕生した。予定日より早く出てきたにもかかわらず、三四九〇グラムの大きな子だった。この二日前の朝、突然破水がおこり、即入院となった。陣痛促進剤の点滴でおこす陣痛は、きつくてつらかった。この間にのどを通ったのは、水と氷だけで、襲ってくる痛みのために眠ることもできなかった。「早く元気で出てきて」と必死で祈った。娘はこのときから既に自己主張をしていたのだろうか？ 居心地が良いお腹の中で「もうちょっとここにいるの」とのんきに遊んでいて、帝王切開寸前で慌てて出てきたのかもしれない。

「元気な女の子よ。ほら、触ってみて」と助産師さんが生まれたばかりの娘をお腹の上に乗せてくださった。ほとんど髪の毛が生えていない頭から順にそーっと触ってみた。小さい、かわいい手を力いっぱいぎゅーっと握って元気そうだ。「うれしい！」「なんてかわいい！」。

「ごくろうさま！ 良かったね！」という緊張とよろこびが入り混じった夫の声を聞くとすぐに二日

間の疲れがどっと出て眠り込んでしまった。

妊娠したのではないかと思ったが、どこの病院で受診するか決めかねていた。検診のための通院に便利なところ、出産後の入院生活がしやすいのはどこだろうと考え迷っていた。それでも、子どもを楽しみに待っている夫に、はっきりした結果を早く知らせたくて、とりあえず職場の近くの病院に行った。

「妊娠されてます。産みますか？」とドクター。

「え？　なんて？」びっくりして一瞬言葉が出なかった。

「産みます。もちろん！」きっぱり言ったけれど悲しかった。

「なんで？　どうしてそんなこと聞くの？」

その答えはわかりきっている。世間の多くの人の障害者に対する考えを叩きつけられたような気がした。そんな問いを投げかけられることを想像もしていなかった私は、理解のある人たちに囲まれて、幸せにのんきに暮らしていたのだと思い知らされた。二人の大切な子どもなのだから、もっと理解のある温かい病院を探したいと思った。

姉妹や知人から情報を得て考えたが、一カ月近く迷っていた。ようやく天王寺区にある私立の病院に行ってみようと決心がついた。受診したときには既に四カ月に入っていた。

そこは、百年近くの歴史がある病院だったが、全盲の妊婦を受け入れたのは初めてだったらしい。しかし、ここでは、「産みますか？」ではなく、「出産に不安があるなら、ご主人にいっしょにいてもらっていいんですよ。最近はそういう人が増えてますよ」だった。これには夫は乗り気だったが、私のほうに抵抗があって、同伴分娩はしないことにした。

出産後は、一人部屋では寂しいし、同室の人たちと話してみたいとも思ったので、大部屋を選んだ。これは、大正解だった。部屋の中はいつも幸せな母親たちの話し声や笑い声であふれていて、既に子育て経験のある人から育児の話を聞くこともできた。

病院でのいちばんの楽しみは、授乳のために三時間ごとに連れて来てもらえる娘と会うことだった。この時間は外部の人はもちろん立ち入り禁止である。子どもたちが来るとみんなベッドのまわりのカーテンを開け放ち、いっせいに授乳を始める。部屋には必ず看護師さんか助産師さんがおられて、それぞれに必要なことを教えてくださった。こうして娘を上手に抱けなかった私も少しずつ慣れていった。

授乳後、新生児室に戻った子どもたちは、体重を計ってもらい、不足分のミルクをつくって飲ませてもらえる。私がこの病院を選んだ決定的な理由は、このシステムがとてもありがたかったからだ。当時多くの病院では、授乳は、母親が新生児室に出かけ、子どもの体重を計り、母乳を飲ませ、再度計って足りない分を作って飲ませるという方法がとられていた。これは、体重計の目盛りが見えない私にはかなり難しい。まわりの人に聞くにしても、みんな自分のことだけで精一杯だろう。ミルクを作るにもほかの人より時間がかかるので、迷惑をかけるのではないかと心配だった。

また、個室で母子同室というところも少なくなかったが、すべてが初めての私にはこれは不安だった。

育児の工夫

退院までの数日間に、母親たちはいくつかの講習を受けた。これには私もいっしょに参加した。育児や栄養についてなどの講義は理解できたが、自宅に帰ればすぐ必要になる実地の部分が難しかった。特にお風呂の入れ方は、人形を使って実演されているのだが、聞いているだけではわからなかった。幼い姪たちとお風呂に入ることはよくあったが、生まれたての赤ちゃんは一度も経験がなかった。「私にもちゃんとできるんかなあ?」と少し心配になった。しかし、理解できていないのはきっと私だけだろうと思うと、その場で質問することはできなかった。

講習が終わって廊下に出ようとしていると、講師をしておられた方に呼ばれた。

「新納さんは、別に時間をとりましょうね。家に帰ってから困らないように、ここで練習しましょう。今、不安に思っていることはなんでも言って」

思いがけないお話だった。そこで私がお願いしたのは、もっとも自信がなかった入浴のさせ方と、本物の赤ちゃんにはしたことがなかった、おしめの取り替え方、そして母乳があまり出そうになかったので、哺乳瓶での授乳のしかたの三つだった。

病院では、子どもは三時間ごとに母親のところに来るだけなので、まだ自分でおしめを取り替えたことがなかった。練習できたのはそれぞれ一回だったが、おしめの取り替えと授乳はなんとかできそうな気がした。難しかったのは入浴。今使われているベビーバスのように、頭と足を乗せられる場所がないので、左手で体を支えながら、ガーゼを持った右手で洗わなければならない。いっしょに子どもを支えてもらっていても、沈めてしまうのではないかと怖かった。

退院して娘との生活が始まった。娘といっしょにいられるということだけで毎日が幸せだったが、慣れないことばかりで緊張し、へとへとに疲れてもいた。やはりベビーバスで入浴させるのは私には難しくて怖かった。ありがたいことに実家が近かったので、入浴のときには母か姉に手伝ってもらうことができた。

しかし、この難問は、意外に早く解決した。私がシャワーではなく、湯船に入ることができるようになったので、抱いて入浴することにした。娘はまだ小さくて、ベビーバスをやめるのは少し早かったかもしれない。しかし、湯船につかるときも、体を洗ってやるときも、手だけでなく自分の体でも娘を支えることができるので、ベビーバスを使うよりずっと安全な気がしたし、楽だった。

娘も以前より広いお風呂に入れてもらえるのがうれしいのか、私がしっかりと娘を抱けているので安心なのか、気持ち良さそうに手足を伸ばして動かした。そんな娘がかわいくて、幸せだった。

お風呂に入れるという難問は、こうして解決することができた。これ以外のこと、服の着替え、おしめの取り替え、哺乳瓶での授乳などは、些細な失敗はあったもののそれなりにできていたと思う。

おしめを替えたときに、大きい方が出ていたら、指でそっと触って状態を確かめた。おしめをはずすと気持ちが良いのか、脚をばたばたさせてよく動く。手早くしないと位置がずれてしまうし、次のが出て服まで濡らしてしまうことになる。「早く、早く」とあせると、上手にできなくて、ますます遅くなる。慌てていて、足を片方おしめの中に入れ込んだのに気づかず、発見者の姉から叱られたことがあった。

ミルクを作るときには、必要と思われるお湯をまず計量カップに入れて、カップの線とお湯の量を指でちょっと触れて調節する。哺乳瓶にじょうごを置き、カップのお湯を入れ、粉ミルクをスプーンですくって入れる。ふたをしてビンを振って混ぜる。終わったら、使ったものはすべて熱湯消毒する。目が見えていれば、哺乳瓶の目盛りを見ながらお湯を直接いれることができるが、私の場合は、まず計量カップに入れて、指で量を見なければならない。粉ミルクを計るときにも指が触れる。だから、いつも手はできるだけ清潔にするように気をつかった。

この方法は、当時三人の子育て真っ最中だった全盲のお母さんから習った。「赤ちゃんが飲むのに、計量カップのお湯を指で触っても大丈夫？　お腹こわしたりしない？」と心配になって聞くと、「大丈夫、大丈夫。うちの子は病気になったことないよ。死ねへん、死ねへん」と、彼女は笑いながら答えてくれた。まったくそのとおりでなんの問題もなかった。

離乳食を作るようになったときも、目が見えている人に比べて、直接手で触れることが多かったが、気にしていたようなことは何も起こらなかった。

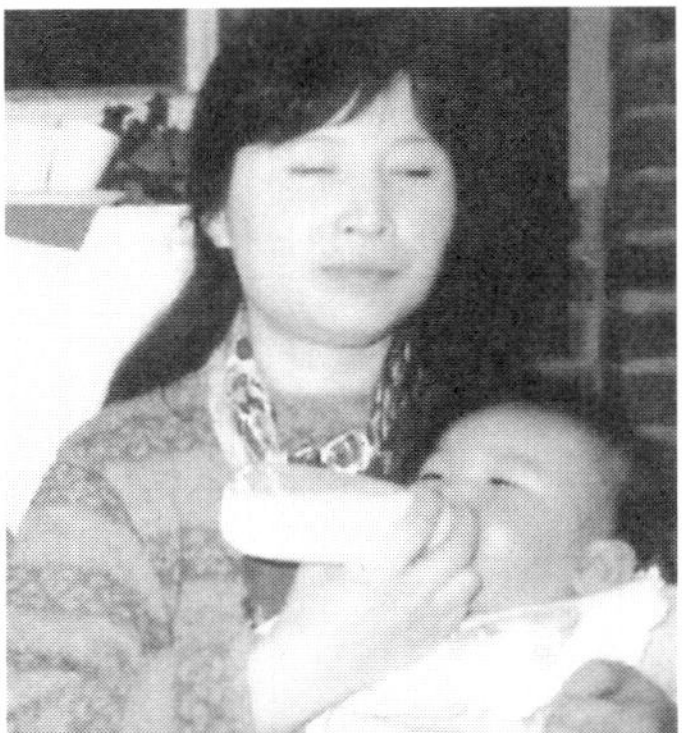
哺乳瓶での授乳

当時は、子どもが一歳になるまで育児休業を取ることができた。私の場合は、娘が四月生まれだったので、三月末に三学期が終わり、新年度の計画をたてる会議が行われる頃に復帰した。この一一カ月間、娘は元気に育った。少しずつ成長していくのが感じられ、うれしかった。育児に必要なことは、助けを借りなくてもほとんどの場合なんとかなった。どうにもならなかったことは二つ、耳掃除と爪切りである。これは、夫や実家の母と姉に頼むことになった。

その後、卒業生から相談を受けることがときどきある。間もなく父親や母親になるのが楽しみでうれしいけれど、不安もあるという彼らに私は言う。「大丈夫。赤ちゃんってそんなに簡単に病気になったり、ケガしたりせーへんよ。子どもも自分もできるだけ清潔にして、子どもの手が届くところには何も置かないように気をつけて。大丈夫。死ねへん、死ねへん。何か気になることがあったら、一人で悩まないで連絡してね。頑張って」

イギリス暮らし

娘の誕生一カ月足らずで、夫は研究のためイギリスへと出発した。私は、育児休業が終われば大阪で仕事を続けたいと思っていた。今後ずっと別居生活になるであろう私たち家族にとって、産後休暇、育児休業のこの一一カ月間は、家族三人で暮らせるめったにないチャンスだった。だから、できるだけ早く娘とともにイギリスに行きたいと思った。

しかし、残念なことに、目が見えない私はバギーが使えない。まだ首がしっかりしない娘を抱くには、両手を使わなければならず、白杖が持てない。今では、生後間もなくの子どもにも使えるスリングが普及しているが、当時の「抱っこバンド」は、六カ月にならない赤ちゃんには良くないと言われていた。これでは毎日の買い物ができない。そういった事情から、娘が六カ月になるのを待って、イギリスで暮らそうと決めた。

ところが私のこの決心は周囲からの大反対にあった。誰も知り合いのいない外国で、子育ての経験がなく目も見えない私には娘をまかせられないというのである。病気になったらどうする？　死んでしまったらどうするの？　どうしても行くというのなら、娘は実家で預かるから一人で行けと。心配してくれる気持ちはありがたいが、娘は私たち夫婦の子どもである。残り四カ月余りは、家族三人の生活をしたかった。

「イギリスにはお医者さんもいるし、薬もあるよ。死ぬわけないやろ。かわいい子どもを死なせたいと思う親なんかいない。大事に育てていて、それでも何かあって死んでしまうようなら、それはこの子の運命やとあきらめる。この子は、私の子なんやから、なんと言われても連れて行く。好きにさせて」と最後には開き直って強引に出発を決めた。

これから先も私が仕事を続ける限り、娘は父親と離れて暮らすことになるだろう。だから、人の顔がわかってきて、いちばんかわいいこの時期に親子がいっしょにいることが大切なのだと思った。

私たちが暮らしたのは、サウサンプトンというイングランド南部の港町だった。テラスハウスといわれる庭付きの三階建ての長屋の一軒を借りた。朝食を食べていると、ティットというシジュウカラの類の小鳥や、白と黒で尾が長いマグピー（カササギ）、胸がオレンジ色で、とてもきれいな澄んだ声で鳴くロビン（コマドリ）などが庭にやってきた。のんびりと食事をしながら、かわいい鳥たちを見るのが夫の楽しみであったようだ。

家から二〇分ほど歩いたところに商店街があった。スーパーで品物を見つけるのは難しいので、徒歩で行けるところに個人商店があることが、家を決めるときの必須の条件だった。パン屋、肉屋、八百屋、薬局などひととおりの店があって、毎日の生活に必要なものは、そこでほとんど手に入った。数度夫にいっしょに歩いてもらい、商店街までの道を憶えた。当時のイギリスには、点字ブロックも音響信号機もまだなかった。横断歩道の場所、少し危険な箇所など記憶した。

初めて娘と二人で出かけた日には、たくさんの人から話しかけられた。横断歩道で立ち止まっていると、近くにいる人から声をかけられ、いっしょに渡ってくれた。誰もいなければ、道の向こう側から走ってきて、「大丈夫？」「道を渡りたいの？」などと聞いて渡らせてくれた。何もなく、普通に歩いていても、「何かお手伝いしましょうか？」「右側にポールがあるよ」「赤ちゃんかわいいね。何カ月？」「どこから来たの？」「あなたは、中国の人？」などなど。この町には日本人がとても少なく、アジア人といえば、ほとんど中国の人なのだろう。目の見えないアジア人が子どもを抱いて白杖を持って歩いている光景は、イギリスの人たちにはとても珍しかったに違いない。このように、初めての買い物は楽しく、まずはうまくいったのだが、普段なら一時間余りで帰って来れるはずなのに、立ち止まって話してばかりいたので、その日は一時間半はかかっただろう。それからは雨が降らなければ毎日出かけた。抱っこバンドで娘を抱き、右手には白杖で、たくさんの荷物は持てない。その日必要なものだけを買った。道行く人たちと話すのは、私にとって英会話の練習であり、楽しみでもあった。

五カ月以上会えなかった娘と夫は、しばらくの間、互いに様子をうかがっていた。夫は、人見知りが激しい娘に泣かれはしないかと心配で、おそるおそる接していた。娘のほうは、「このおじさん誰かなあ?」と躊躇しながらも泣き出しはしなかった。

しかし、日がたつにつれて、二人は少しずつ親子らしくなってきた。夫は娘が生まれるまでは赤ちゃんとかかわったことがない人だったが、おしめの取り替え、爪切り、入浴、どんなことにも協力的だった。娘もそんな優しいお父さんが大好きで、仕事から帰った夫を見ると、キャッキャと声を上げて、「早く抱っこしてよ」と催促するようになった。

大きな事件

そして、親子三人のイギリスでの生活は、無事に終わり、と書きたいのだけれど、ここで私の失敗談を紹介しておかなくてはならない。それは、もし何か一つ違っていたら、大変なことになったかもしれない、今思い出しても怖くなるような失敗である。

サウサンプトンに来て二カ月余りが過ぎた頃だったと思う。娘は、二階の寝室のベビーベッドでおとなしくしていた。私は、今のうちに用事をすませておこうと、一階にある台所に下りた。ドアを開けておけば、娘が私を探して声を出したり、泣いたりしてもよく聞こえるので、心配はなかった。

鼻歌を歌いながらハイテンションで洗い物をしていた。誰かが入り口のドアをノックしたような気がした。いつもより時間は早かったが、夫が帰ってきたのだと思った。「カギを持って行かなかったのかなあ?」と一瞬考えたが、「はい、はい」と言って、私は無用心にもドアを開けた。誰もいなかった。「風でドアがカタカタ音をたてただけかな」とも思ったが、「どこに行ったんやろう?」と気になって、一歩を外に踏み出してしまった。と、そのとき、風が吹いて、バタンとドアが閉まる音がした。慌ててドアを引いたが、びくとも動かなかった。そうだった！　ここはオートロックだ。気がついたが、どうにもならない。私は、スリッパ履きでエプロンをしたまま、白杖もお金も持っていなかった。置き去りにしてしまった娘のことを考えると心臓が止まりそうだった。そのうちきっと激しく泣いて、ミルクを吐いてしまうだろう。ミルクが気管に入れば死んでしまうかもしれない。そう思うとパニックになった。それでもなんとかしなければと気を取り直して、フラフラと広い道に向かって歩いていった。

「とても顔色が悪いですよ。大丈夫ですか?」高校生ぐらいの若い女の子の声が聞こえた。彼女に事情を話し、この近くで電話を貸してもらえるところはないだろうかと聞いた。角にあるパブで、頼んでみようと彼女は言って歩き出した。

親切に話を聞いてくれたパブの主人は、夫がいる場所の電話番号を調べて電話をかけてくれたが、悲しいことに、夫は席をはずしていて、連絡はとれなかった。私はヘナヘナと座り込んでしまった。そんな私に救いの神が現れた。彼は、近くに住む新聞屋さんで、昼間から彼女とお酒を飲んでいたらしい。つまりデート中だったのだけれど、それでも私の話を聞いてくれた。「家にマイ・ベビーを閉じ込めてしまった」と言うと、「金槌でガラスを割って、ロックを解除するしか助ける方法はない」と彼は言った。「借りている家を壊すの?」一瞬躊躇したが、娘を心配する気持ちが勝った。

ガラスが叩き割られ、ドアが開いた。彼女が二階に駆け上がり、「グッド・ボーイ! グッド・ボーイ!」となだめながら大泣きしている娘を連れて来てくれた。飛び散ったガラスも二人のおかげできれいに片づいた。そしてやっと一息ついたとき、なんと警察官がやってきた。ガラスが割られていると通報されたらしい。彼ら二人と私の言うことが一致したので、警察官は納得して帰っていった。

その日のうちに、夫とともに大家さんのところにおわびに出かけた。「大丈夫。気にしなくていいよ。実は、私たちも二週間ほど前にカギを持たずに出かけてしまって、ガラスを割って家に入ったのよ」ということで許していただけた。そして、壊したガラスは、翌日ガラス屋さんを呼んで直してもらった。ちなみにその費用は海外旅行保険で戻ってきた。

その子なりの成長

「うちの子、保育所でパンツトレーニングしてもらってるから、まだ一歳前やけど、もうすぐおしめとれそうよ」

誇らしげな同僚の声を聞きながら、「そうなんや、すごいなあ。うちの子は、一歳を過ぎてるけど、まだまだ無理。でも、あせったらあかん」と自分に言い聞かせていた。

しかし、二歳を過ぎて語彙《ごい》が増え、意思表示が上手にできるようになっても、「おしっこする」とは言えなかった。「ほかのことはなんでも言えるのに、なんでおしっこだけ言えないんやろう?」と不思議だった。少し心配になり、あせってもきた。

そこで、私が休みの日にはおしめをつけず、「おしっこは、おまるでしようね。おしっこしたくなったら、教えてね」と無理やり約束をさせた。しかし、二時間待っても、三時間待っても、言ってこない。そのうち、「おしめしてくれないと、おしっこ出ないよう」と泣きながら訴えてきた。私にはわからなかった。いやがる娘を無理やり座らせたが、「出ない! 出ない! おしめしてくれないと出ないー!」と泣いて抵抗した。そのうち、我慢できなくなって、床がびしょ濡れ。何週間もこの繰り返しだった。私は、少し情けなくなってきた。

ところが暑い夏のある夜、お風呂から出た娘に、いつものようにおしめをしてやろうとすると、「暑いから、もうおしめしないの。おしっこ言える」と突然言い出した。「ほんとに? でも今から寝るし、おしめしとこ」と言ったが、「ちゃんと言えるから」と譲らない。しかたなく娘の言うとおりにした。私は心配だったが、その夜は成功! その次の日も、また次の夜も! 「すごいねえ! もうおしめしなくても大丈夫やねえ」と言うと、「うん、ちゃんと言える!」とうれしそうに自信たっぷりの様子だった。

その後は、夢を見て失敗したり、遊びに夢中になりすぎて忘れることは数回あったものの、「ちゃんと言える」を実行した。

私は、自分勝手な思いを娘に押し付けていたことを反省した。あんなに泣かせて本当にかわいそうなことをしたと。よその子のことを聞いて、娘に当てはめようとしたのは間違いだった。きちんと教えなければいけないことはたくさんあるが、その子にはその子の「時期」があることを娘から教えられた。「ごめんね。ありがとう」と何度も心の中で言った。

人とは困った生き物で、学習や経験で得た大事な思いや記憶、感動を、時とともに薄れさせてしまう。私も日がたつにつれて、あのとき深く反省をしたことを忘れてしまっていた。

親というものは、身勝手なもので、我が子にできるようになってほしいと望むことはいくつもある。私は、泳ぐのが苦手である。「上手に泳げたら、人生もっと楽しめるのに」とよく思ったものだ。娘には、海やプールで楽しめる子になってほしかった。

しかし、彼女は、プールが大の苦手！　幼稚園のとき、「さあ、みんな、お顔をつけてみましょうね」と先生がおっしゃっているのに、娘一人だけいやがってじっと立っていたことを、仕事で行けない私に代わって参観に行ってくれた母から聞かされた。しかたがないので、「スイミングに行ってみようか？」と勧めてみたが、「ぜったい行かないの」といやがった。こちらもめげずに何度も説得したが、無駄だった。

ところが、小学校三年生の夏、「私もスイミングに行く」と突然言い出した。まわりを見渡して、ほとんどの友だちが泳げるのに、自分は泳げないことにやっと気づき、少し情けなくなったらしい。さっそく夏休みの短期集中五日間コースに行かせることにした。水泳は、本当にいやがっていたので、途中で止めてしまうかもしれないと私は思っていたが、本人はなんとしても泳げるようになりたかったらしく、熱心に通った。お金を持って、一人でバスに乗ったのも、このときが初めてである。かなり緊張していたようだが、これも娘にとっては良い経験になったと思う。

五日間はあっという間に過ぎた。スポーツクラブの隣にあったマクドナルドに行き、娘を待った。二人でお祝いをした。誇らしげに見せてくれた修了書には、「休憩時間も一人一生懸命練習して頑張っていました」とコメントされていた。「休憩しなさい」という先生の指示が聞けない「こまったさん」だったのだ。それでも本人としては、頑張った成果があらわれた有意義な五日間だったのだろう。

これ以後、「○○ができるようになってほしい」という私の側からの勝手な思いがあっても、何度かプッシュして本人がその気になりそうにないと判断した場合には、待ってみようと決めた。本人にその気がなければ、無理やり押し付けても身に付かないし、ストレスにもなる。水泳のようにそのうちやる気になってくれるかなあと甘い期待を持って。

娘の名前

「ママ、私が生まれたとき、うれしかった?」

「うん、めっちゃうれしかったよ!」

「パパもよろこんだ?」

「うん! パパはね、女の子がほしかったから、お医者さんで、『たぶん女の子ですよ』って言われたってママから聞いて、うれしくてお仕事の帰りにビールを買って、岡山のお家で一人ニコニコしながら飲んでたって。生まれてくるの、すごーく楽しみに待ってたよ」

「ふーん。ねえねえ、私の名前、誰が考えたん？」

「パパ」

「なんで亜美になったん？」

「あい、あう、あえって呪文みたいに順番に言って、あみで止まって、『これにする』って決めたんやで」

「えー？　うそー！　パパ、どんなふうに言ったん？」

「よーし、行くでー。あい、あいはどこかにいたな。あう、あえ、あお。青は、色の名前や。あか、これも色や。あき、春に生まれるのに秋はあかん。あく、あけ、あこ。あさ、昼に生まれたらあかんしなあ。あし、ちょっと臭そう。あす、あせ。汗も臭い。あっそ、怒ってるみたいやし。あた、あち、やけどしたみたいやなあ。あつ、これもやけどや。あて、あと、あな、穴は、落ちたら怖い。あに、あぬ、あね、あの、あのーは困ってるときや。あは、あひ、あふ、あへあへあへ、間寛平や。あほ、こらいかん。あま、海女は海に潜る人…。あみ！　亜美！　これがいい！　かわいい名前や。亜美にしよう！」

調子を付けて、早口に、少し脚色して私が言うのを娘はキャ、キャ、と笑いながら聞いている。

「ママは、亜美って名前気に入ってたん？」

「うーん、『そんな変な名前いやや』ってパパに言ったよ。でも、生まれてきた亜美はかわいかったから、『亜美、亜美』って呼んでるうちにだんだんかわいい名前やなあって思うようになったよ」

これは、娘が小学校一、二年生の頃、お布団の中で聞くもっともお気に入りの話だった。そんなある日、

「生まれたときのことや、名前はどうやって付けてもらったのか、お家の人に聞いてきなさい」という宿題が出された。毎日聞いている話なので、娘は、私の真似をして調子よく説明をしたようだ。担任の先生、あまりのことに爆笑されていたと娘はうれしそうに報告をしてくれた。

これは、うそのような本当の話である。

娘と遊ぶ

世間の親たちは、子どもとどのような遊びをしているのだろう。ままごと、積み木、ブロック、塗り絵、お絵描き、本の読み聞かせ…。私には、塗り絵やお絵描きはできないのだから、せめて本の読み聞かせぐらいはしてやりたいと思った。

買ってきた絵本を読んでもらって、透明のシールに点字で書き写す。そのシールを絵本に合うように切って貼ってもらう。それを私が読む。点字が書かれたシールが透明なので、娘は絵も字も見ることができる。彼女のいちばんのお気に入りは、『はらぺこあおむし』と『一〇一匹わんちゃん』。毎晩寝る前に何度も何度も読んだので、本がぼろぼろになった。『ぐりとぐら』や『となりのトトロ』も、繰り返し読んだので、娘は文を全部憶えてしまったが、それでも毎晩読んでもらえるまで眠らなかった。これは、忙しい生活の中で、娘にしてやれた数少ないことの一つであった。疲れが出て、読むのがつらく、読みながらつい居眠りをする。「起きて。起きて」と小さな手でほっぺたをぱちぱち叩いて起こされる。そんな日もあったが、本読みは娘と過ごす最高に楽しい時間だった。

私は、どんなことをするにも、手でそっと触って確かめる。だから、見れば一瞬で状況がわかる人たちより時間がかかる。そのうえ私は根が潔癖症なので、さらにできあがりが遅くなる。仕事を終えて家に帰ってから寝るまでにしなければならないことは、使える時間のわりに多い。

しかし、そんな私の事情を帰りを待ちかねている幼い娘が理解できるはずがない。「ママ、遊ぼう。遊んで」とくっついてくる。朝、娘がまだ寝ている間に、実家の母や姉に頼み、私は出かけてしまうのだから無理もないことだ。遊んでやりたいとは思ったが、私には時間がなかった。

そこで思いついたのがいっしょに料理をすること。近くの店で、当時大人気だったキャラクターのキティーちゃんの絵があるセラミックの包丁を買ってきた。「これは、よく切れる本物の包丁だから、ほんとに気をつけて使ってね」と店の人に心配そうに言われたが、娘はとてもうれしそうだった。

その日の夕食はカレーにした。まだ五歳の娘には固くて切れないニンジンやジャガイモなどは、ある程度小さく細く切って渡す。それをさらに小さくするのが娘の仕事。これは、娘にとっては遊びであると同時に、「ありがとう。ママ、助かるよ」と感謝してもらえるうれしいお手伝いでもあった。こうしてできあがったものを食べるときはうれしそうで、「おいしいね。おいしいね」と繰り返しながら、いつもよりたくさん食べた。

このように、遊んでやる時間がなくて、お遊びでした料理は、娘が好きなことの一つになったようだ。小学校のときには家庭科クラブ、中学・高校では、クッキング部に所属して楽しそうに調理をしていた。そして今では念願の一人暮らしをしている。二十歳を過ぎて、もう大人になっているのだけれど、それでもどうしているのかと心配で電話をすると、「今日はね、〇〇と〇〇と〇〇を作って食べたよ。おいしかったー!　すごい?」とうれしそうに自慢されてしまう。

小学校の中学年になると、娘は学校で縄跳びをするようになった。最近の小学生も縄跳びをするのかと少しうれしくなった。四〇年前の盲学校の小学部では、冬になると縄跳びが大流行した。たいていの子どもは、休み時間になると、縄を持って外に出た。競って記録の更新に夢中になっていた。

「たまにはママも運動しようかなあ」と私も休みの日にはいっしょにすることにした。

「二重跳びって難しいねえ。たくさん跳ばれへん」と娘。

「跳べる。跳べる。ママなんか、一三〇回ぐらい跳んでたよ」

「えー⁉　ウソや。ウソや」

「ほんと、ほんと。そんならいっしょに練習して何回跳べるか競争しようか」

「うん、する、する。負けへんで」

負けん気の強い娘は乗ってきた。年甲斐もなく私もムキになって跳んだ。それから当分の間、休みの日は、必ず二人で縄跳びをした。五〇歳近くになっていた私だけれど、二重跳びでは娘に負けなかった。

季温子
kioko

対話 その3

泉
izumi

タコづくり

泉　全盲のご夫婦で子育てを自分たちだけでやっているところって、けっこうあるよね。

季　ある、ある。両方が全盲の場合は、二人ともたくましいけど、子どもたちもすごいよ。みんなで助け合ってる。

泉　少し実例を教えて。

季　私はお会いしたことがないけど、先輩のお友だちは、九人の子どもさんを育てられて、今ではお孫さんがなんと二四人。

泉　すごい。子どもだけでも名前を間違えてしまいそうな気がする。

季　「目が見えんのに、たくさん子どもつくって」なんて心無いことを近所の人に言われて、いやな思いをされたこともあるらしいけどね。

泉　ま、目が見えていても、それだけ子どもをつくったら、何やかや言われるだろうけどね。

季　ほんとにまったく余計なお世話なんやから！「みんな、とっても良い子に育ったよ」って先輩は自分のことみたいにうれしそうに、その人の話をときどきしてくれるよ。
泉 そうなんだ。そりゃ、助け合わなければいけないし、わがままを通すこともできないだろうから。
季 近所の人がそんな感じやから、もしかすると、そのご夫婦の子どもたちも学校でいろんなことを言われてたかもしれない。でも、何かあったときには、きょうだいで助け合っていたんだと思う。子どもは、親に心配させたくないって思うから、その手の話はしない。きょうだいが多くてよかったのかもしれない。
泉 へたにいじめて、残りの八人からいっせいに反撃されたら大変だね。みんな、生活力がありそうだな。
季 でも、今のいじめは、もっと複雑で残酷やから、ちょっと状況が違うかもしれないね。それでも、早期に周囲がどんな対応をするかで、状況は変わってくると思うな。
泉 やっぱり、いじめられるってことは多いのかな。
季 障害のある人の子どもはみんないじめられてるってわけではないよ。でも、私もまわりの人にいろいろ聞いていたから、この子は大丈夫かなあ?って、あの子がお腹にいるときから、ずーっとなんとなく気になってた。
泉 そう。小さい頃はものすごくおとなしそうに見えてたから、父親としても少しは気にしていた。
季 うちの子にも、ちょっと危なかったことがあったよ。
泉 え、今まで聞いたことがなかった気がするけど。

季　小学校の一年生の一二月に、授業参観を兼ねて、「親子でお正月にあげるタコをつくろう」っていう取り組みがあったんよ。私は学校からの文書をいつもの授業参観の案内だと思い込んでたから、いいかげんに聞いて、最後まで読んでもらわなかった。忙しい時期だったので、欠席の返事を出した。

泉　平日の授業参観には、あまり行ってやれなかったね。お互い仕事があったからしかたがない。でも、いざというときは、おばあちゃんなんかに頼んでいたよね。

季　当日、かわいそうなあの子は、一人で一生懸命タコをつくっていたんだって。そしたら近くの席の女の子が、「新納さん一人、お母さんいない」って何度も何度も言ったらしい。

泉　え、その子はそばにお母さんがいるわけでしょう。親はそれを止めないの？

季　そう、お母さんは何も言わなかったって。「私のお母さんはお仕事で来れないの」ってあの子は言い返したけど、何度言っても止めてくれなかったんだって。

泉　それを止めないお母さんって、すごいね。

季　クラスでは、毎日帰りの会でその日あったうれしかったことや悲しかったことを、手を上げて言うことになっていてね。あの子はタコづくりのときの状況を話して、とても悲しかったと言ったんだって。当時は手を上げてそんなことが言えるようなたくましい子ではなかったから、どんな気持ちでそれを言ったのかと思うと涙が出たよ。

泉　うーん、今の気の強い性格の片鱗《へんりん》がその頃から現れていたんだ。

季　なんていうことを言うの。でも、担任の先生は適切な指導をしてくださったし、まだ一年生だったということもあるだろうし、それ以上のことにはならなかった。

泉 一年生のときの担任の先生って、実力のある人だったよね。今でも名前を憶えている。

季 あの子はいつも学校であったいろいろなことを話してくれていた。だから学校の様子がよくわかって、担任の先生は、子どもたちに対する気配りのある良い方だとわかってた。

泉 でも、親が来ることのできない子どもは必ずいるし、そういう配慮はなかったのかな?

季 担任の先生の責任というより、いろんな状況の子どもたちがいるんだから、学校行事を考えるときに、気をつけないといけないよね。当日は、クラスの子どもが三九人いて、その保護者といっしょになんだかんだと言いながらにぎやかに作業をしてたんだから、八〇人近くいる中で、あの子が何を言われているのか把握するのは難しかったと思う。でも、たくさんの子どもが手を上げたのに、うちの子を指名してくださったのは、その表情の中に何かを感じてのことだったかもしれない。

泉 そういうちょっとしたところを鋭く見抜いてくださる先生はすごいね。

季 あの子は、私が帰るとすぐにそのことを話してくれた。私は泣きそうになりながら、授業参観に行かなかったことをあやまった。そして、帰りの会で頑張ってみんなの前で言えたことを精一杯ほめた。

娘なりの苦労?

泉 ほかにも、外をいっしょに歩いていて、ジロジロ見られたりすることって、けっこうあると思うんだけど、つらくなかったのかな? 小さい頃って他人の目が気になりやすいだろうけど。

季　そんなことはしょっちゅうあったと思うね。仕事帰りに同僚と電車に乗っていても、無遠慮にジロジロ私を見る人がけっこういて、あんまりひどいときには、同僚がむっとして、「思いっきりにらんでおいた」って言ってたことが何度もあったからね。

泉　私との場合でも、同じように見られることはよくあったね。にらみ返しはしなかったけど。

季　大人の人といっしょでもそうなんやから、子どもならもっと無遠慮に見る人がいると思うよ。私は、そんなに見たいのなら、いくらでも見せてあげるって思ってるけど、子どもはそうはいかないよね。つらい思いをしてたはずやけど、私には一度もそんなことは言わなかった。

泉　でも、「思いっきりにらみつけてやった」って言ってたことがあったように思う。

季　だんだんたくましくなっていったねえ。小学校の高学年の頃は五人ぐらいの女の子で徒党を組んで、楽しそうにしてた。組長なんて呼ばれてたね。中学生になったら、いっそうたくましくなって。

泉　ところで、一般の人がよく心配することだけど、歩き始めた頃、目を離したすきにというか、手を離したすきに危険なところに行ってしまうということはなかった?

季　うちの子はなかった。私がトイレに行くとかで、ちょっと離れるときには、部屋のドアは必ず閉めて出られないようにする。床にものが散らかってると、私がそれを踏んで壊すことがある。自分も困るから、床には物を置かないようにしてた。

泉　掃除にも邪魔だからって、ほんとに床には物を置かないようにしてたね。

季　出かけるときは、ぜったい手をつなぐっていつも約束してて、あの子はそれを守ってくれてたというか、人見知りがはげしいから、知らない人に声かけられるのがいやで、私にくっついてた。

泉 それでも、子どもなりに、かなり小さいときから気をつかっていてくれたんだと思う。二人で外を歩くときは、ものすごく「おりこうさん」だったもんね。

季 私は、「あの子には頼らない。ほかの親たちと同じように育てる」って頑なに思ってた。みんなから母の目の代わりになることを期待されたらあの子がかわいそうだから。だけど、すごく小さいときから一生懸命手引きしてくれたり、いろんなことを手伝ってくれたりしたね。

泉 待ち合わせて、お父さんが現れたら、一気に普通の子どもに戻っていたけれど。

季 そうそう、頑張るときとそうじゃないときの差は激しかったね。

イギリスの救急車

泉 イギリスであの子が病気になったことがあったね。救急車で運ばれて、入院までした。

季 あれは、お父さんが単身で一年間、イギリスのシェフィールドに滞在してたときのことやね。

泉 そうそう。忘れられない事件だった。

季 クリスマスとお正月を三人で過ごそうと思って、二学期の終業式が終わってすぐに飛行機に乗った。着いた次の日に、急に元気がなくなって、どんどん熱が上がってきた。音声体温計で計ると四〇度を超えていて、びっくりしたね。

泉 ちゃんと音声体温計を持っていってたんだ。えらい。

季　その日はクリスマスで、お店や病院はもちろんお休みやし、電車やバスも走らなくなる国やから、どうしたらいいのかわからなくて、イギリス人の知り合いに電話をして相談したら、救急車を呼ぶしかないって言われたんよね。

泉　その頃のイギリスのクリスマスって、本当に町の動きが完全に止まっていた。

季　ぐったりしたあの子を抱いて救急車に乗ったときは、心配で気が動転してた。病院について、看護師さんやお医者さんにいろんなこと聞かれたけど、私は半分パニック状態やから、何を言われてるのかほとんど聞けなくて、困ってしまった。

泉　英語がわからない一家とされてしまったもんね。

季　それからびっくりしたのは、イギリスでは、熱を下げるのに、扇風機をかけて、風をあてる。あの子が寒いというから止めたら、看護師さんがやってきて、またつけられてしまう。

泉　イギリスでは、熱があると水風呂に入れることもあるっていうね。実際に経験したことはないけれど。

季　少し慣れてくると、言われていることがだんだんわかるようになった。看護師さんにもお医者さんにも親切にしてもらったよ。

泉　その頃のイギリスは、私たちのような滞在者まで子どもの医療費が無料で、一円も払わずに退院した。今でも、何か機会があったら恩返しをしなければと思っている。

季　あの子は、病院の食事が食べられなくて、私もあの食事は無理やったけどね。で、おにぎりでも作って持ってきてもらおうと思った。

泉 そこで、お父さんが活躍。

季 うちの子は、体力がなかったから、小学校を卒業するまでに三回も肺炎になって、入院した。最初の一日二日は無理してでも仕事休んだけど、ずっとそういうわけにはいかない。昼間はおばあちゃんやお姉さんに頼んで、夜は病院に泊まって、そこから出勤した。私はしんどい中で頑張ったつもりなんやけど、あの子は寂しかったみたい。

泉 病気のときは心細くなるし。

季 病院での付き添いで困ったことはなかったよ。必要な場所は、看護師さんや同じ病室の人に教えてもらってなんとかなった。点滴がなくなると、ナースコールをしないといけないんやけど、それも何時間ぐらいで終わるのか聞いてるし、液体の入ってる袋をそーっと触ってみると、その縮みぐあいで状態がわかる。それに、看護師さんたちも気をつけてくれるしね。最近は、点滴が終わるとアラームで知らせてくれるのもあるから、あまり気をつかわなくてもよくなったんじゃないかな。

泉 出産のときの病院も、あまり不自由がなかったみたいだし、病院はやっぱりいろんな人に対応できるようになっているんだね。

季 風邪をひいたり、お腹をこわしたときには、連れて行くお医者さんは決めてた。すごい名医で、いつも混んでたけど、その先生に診察してもらっておくと安心やから。それに、先生も看護師さんたちも、私たち親子のことをわかっていてくれて、親切だしね。

泉　ところで、赤ちゃんの顔色とか、微妙な変化が見えなくて困るんじゃないかという人がいるけど、そのへんはどう？

季　たしかに顔色は見えないけど、子どもの体調を知るのは顔色だけじゃないからね。うちの子は、手や足がいつもより冷たいときは、たいていすぐあとで風邪の症状が出たよ。いつもより食欲がないとか、寝る時間じゃないのに、寝てしまうとか、口数が少ないとか。そんなときは、気をつけるようにしてた。

泉　そりゃそうだ。どうしても目が見える人は目に頼りがちだけど、結局は総合判断だから、顔色しか兆候がないってことは、普通はないわけだし。そのへんは思ったよりうまくいくわけだ。

ちょっとした配慮

泉　全盲の親の場合、いろいろな子育ての工夫があるんだろうね。

季　全盲の夫婦でいちばん困るのは、いろんな書類を書かないといけないときだと思う。学校行事への出欠ぐらいなら、誰にでも気軽に頼めるけど、保育所や小学校に入るときに書かないといけない書類は、個人情報がいっぱいやからね。

泉　なるほど。誰にでも頼めるってわけではないんだ。

季　私は、書類の提出までに時間があれば、我が夫に頼めるし、急ぎなら、実家に頼めたけど。

泉　夫は、単身赴任というか、単身居残りというか、すぐには対応できなかったからね。

季　まわりの人たちに聞いてみた。近くに親やきょうだいがいる人は、なんとかなってるけど、誰もいなければ、友だちとかヘルパーさんに頼むしかないって。それって頼むほうも頼まれるほうも困るよね。

泉 お互い、気にしないってことでいくしかないね。

季 子どもが大きくなっていったら、横で指示を出したら、自分で書いてくれるようになるけどね。うちも学校行事の出欠程度の簡単なものなら、三年生ぐらいから書いてもらってたよ。

泉 娘も、頑張ってたんだ。

季 たくさん書く必要があって、どんな用紙に書いてもよいときには、パソコンで書いて、連絡帳にはさんだり、貼ったりしてた。

泉 音声パソコンでだね。

季 うちの子は、中学生のときには、私に聞きながら、ほとんどのものは書いてたよ。ほかの家でもこんな感じでみんな、なんとかしてるみたい。

泉 自助努力ってわけだ。学校のほうからの配慮はなかったのかな。

季 できることはなるべくしようと思うけど、難しいものについては、学校の協力も必要だと思うよ。例えば、たくさん個人情報を書かないといけない入学のときの書類などはパソコンで書き込めるデータでもらえるとか。

泉 でも、ワープロや表計算ソフトの空欄に書き込むのって、音声パソコンでもけっこう難しいよね。

季 最近は上手な人がけっこういるよ。もしかりに枠からちょっとずれていても、個人情報なんやから外に出すわけではないし、必要なことがわかればいいんでしょ？ ずれてるのが気になるのなら、デー夕で提出されるんやから担任がそこだけ書き換えればいいと思うけど。そんなに時間かからないやろ？

泉　それもそうか。

季　それから、連絡の文書なんかもメールで送ってもらえればありがたいよね。低学年だと子どもに読んでもらうのは難しいからね。特定の親とメールのやりとりをするのは問題だと言われた人がいるんやけど、この種のメールは一家族だけの特別扱いにはならないと思うな。

泉　きちんと制度化すればいいんだよね。

服を選ぶ

泉　ところで、子どもの服選びで何か気にしていたことはある？

季　自分の着るものよりあの子のを気にしてたよ。もし、うちの子が汚れたものとか、形や色が上下で合わないのを着てたら、「あの子のお母さん、目が見えないからね」ってことに世間ではなるやろう？

泉　まあ、そうかもしれない。

季　それは、あの子に申し訳ないし、私も悔しい。だから、いつも清潔でこざっぱりしたのを着せようって、それなりに頑張った。それに女の子やから、きれいな刺繍やかわいいアップリケやフリルが付いたのを着せてみたかった。

泉　で、服選びの方法は？

季　小さかった頃は、おばあちゃんやお姉さんにいっしょに行ってもらったり、頼んで買ってきてもらったり。仕事の帰りに友人につきあってもらって買ってきたりしてた。

泉 そのほかに気をつけていたことは？

季 中学・高校と制服がない学校だったから、入学したときに約束をした。中高生の間はぜったい一人で服を買いに行かないこと。ほしいものがあったら、私に言うこと。私が必要だと認めたものはいっしょに買いに行くってね。

泉 なかなか厳しい。

季 私服だから、おしゃれにばかり気が向いて、通学の途中にウロウロ服を探し歩くようになったら困る。それに、その場に合った服が着れるように、服装にはチェックを入れておこうと思ってた。

泉 親子とも、服にはかなり気をつかうほうだね。お父さんは、そうでもないけど。

季 中学生ぐらいになると、服の好みは、はっきりしてたから、普段のものを買うお店と、ちょっとおしゃれなものを買うお店がだいたい決まってた。おしゃれなお店はうまく考えてて、若い子向きのものと奥様用のものが置いてあった。娘のものばかり買うのは面白くないから、私もその店であの子とお店の人の意見を参考に服を選ぶようになった。

4 私のおすすめクッキング

憧れのスゴ腕お姉さん

スーパーで買い物の手伝いをお願いして食材を買うとき、「これは、誰にお料理してもらうの？　だんなさん？」と聞かれることがある。「いいえ、私が」と答えると、「えー!?　すごいね！」、信じられない、という様子。「包丁は危なくないの？　火は怖くない？」と驚きと心配が入り混じった声。確かに私たちは目で見ながら調理するわけではないのだから、一般の人にとっては驚きなのだろう。しかし、包丁もピーラーも、火も、使い方の基本がわかっていれば、そのうち慣れるものである。もちろん自分なりの工夫は必要だろうし、目が見えている人ほど手早くはできないだろうけれど。

昔は、「料理は女がするもの」と言われたが、今では、「結婚するなら、家事を分担してくれる男性」と望まれるようになった。また、未婚既婚にかかわらず、一人暮らしをすれば、誰でも少しは料理ができなければ困るだろう。視覚に障害があってもそれは同じ。男であれ、女であれ、自分が食べるものくらいは作れないと自立した大人とは言えない。とは言っても最近は、お惣菜売り場に行けばそれなりにおいしいものが手に入る。目が見えていても見えなくても、買ってきたものを食卓に並べてすませる人もいれば、手作りするのが楽しいという人もいる。

私はいつ頃から食べ物を作ることに興味をもったのだろう？ 我が家は、多いときには一一人もいた大家族で、私は、四人姉妹の次女。同じ年頃の従姉妹たちも近くに住んでいて、毎日いっしょに遊んでいた。なんでもやりたがりやの私は、みんながしていることはどんなことでもやってみたいと思った。「私もしたい。どうするのか私にも教えて」と母によく頼んでいた。母は、専業農家を支えていたので、いつも忙しく休む暇もなかったが、それでも時間を見つけて、できる限りのことをしてくれた。

小学生の頃、六歳上の姉が食器を洗っていたり、包丁を使って何かを切っていたり、ご飯を炊いたりしていると、私も何か手伝いたくなった。「そんなら、ご飯炊いてみる？」母は言ってくれた。人数が多かったので、七合か八合のお米を大きなボウルに枡で計って入れる。水を入れながらそーっとていねいにお米を手で混ぜながら洗う。お米を流さないように気をつけて水を捨てる。これを三、四回繰り返し、ザルにお米を入れてしばらく水を切る。それを炊飯器に入れて、計量カップで水を計って入れる。当時の炊飯器には手で触ってわかる目盛りが付いていなかったので、計量カップを使った。そして、ガスの元栓を開いてスイッチを押す。母は、私の横に立って、一つひとつ指示をしながら必要なときにだけそっと手をかしてくれた。

包丁を最初に持たせてくれたのも母だった。なんでもしてみたいと言うわりにはびびっている私に、包丁は、怖がらずにしっかり持つこと、まな板に置くときには、危なくないように、刃を向こう側にして奥のほうに置くことなどもそのときに教えられた。

その後、私にもできそうなこと、キュウリの薄切りやニンジンのいちょう切りなどをいっしょにさせてもらうことがときどきあった。しかし、果物の皮むきを練習させてほしいと言ったことはなかった。これは難しそうだったし、リンゴなどは皮ごと食べてもおいしいので、それで満足だった。そんな私を変えるきっかけになったのは、寄宿舎でいっしょに生活していた、六歳上の高校生のお姉さんだった。

当時、ほとんどの盲学校の高等部は、理療科といって普通教科とともに按摩・鍼・灸を学ぶところで、私の母校のように普通科があるのは全国で五、六校だった。こういった事情から、寄宿舎には、他府県からの生徒や、私のように大阪府内に家があっても学校からは遠くて通学が困難な生徒が生活していた。彼女は、ナシの産地の鳥取県出身の人だった。「実家からナシをたくさん送ってくれたんよ。むいてあげようか?」と言って、スルスルときれいにむいて四等分して、芯もきれいに取って食べさせてくれた。「お姉ちゃんすごい人やなあ」と驚いた。彼女は、私と同じで全盲である。いつも快活で優しくて勉強も一生懸命頑張っていた。「なんでもできる素敵な人」、私の憧れの先輩だった。私もその人のようになりたいと思った。そのお姉さんは、やがて安定した仕事につき、結婚して、フルタイムで仕事を続けながら四人の子どもを育てたという本当にすごい人である。

焼きナスをつくる

こうして基本的なことが少しずつできるようになった。すると、自分が好きな食べ物の作り方を知りたくなった。農家なので、父は畑でとてもおいしい野菜を作ってくれていた。夏には、宮崎駿さんの「となりのトトロ」に出てくるメイちゃんがしていたように、そのままかじるとシャキシャキしておいしいキュウリや、皮がピーンと張ってつやつやした新鮮なナス。冬には甘くてもちもちしたホウレンソウや煮るととてもおいしいダイコンなどなど。焼きナス、キュウリの酢の物、ホウレンソウのおひたしは最高においしくて、週末に寄宿舎から帰宅したときに食べさせてもらうのが楽しみだった。

夏休みのある日、焼きナスを作っている匂いが台所の方からしてきた。「私にそれ教えて」と頼んだ。私がすると、夕ご飯の時間が遅くなってしまうのだが、母は、「ほんなら、このナスきれいに洗って。ケガせんように気をつけて、へたの針がついてるところを取って」と言ってくれた。それから、ナスの皮に包丁で切り目を二カ所入れる。それをガスコンロの上の網に置く。ときどきナスの表面を手でそーっと触って様子をみながら堅いところが下になるように、箸でナスの向きを変える。全体が柔らかくなったら、ボウルにとって、水を流しながら皮をむく。少しナスをほぐして水を通してからしぼる。食べやすく切って器に入れて冷やす。私は頼んではみたものの、火傷しないかとびくびくしながら言われたようにしようと一生懸命だった。そんな私を母は気長にじっと見ていてくれた。このとき憶えた焼きナスは、今では家でも実家でも「おいしい」と評判が良い。もっとも今はガスコンロに網を乗せて焼くのではなくて、ガスレンジの魚焼き器かオーブントースターを使っているのだが。

目の見えない子どもには、ついつい過保護になる親が多い。母もほかのどの娘たちより私のことを心配して気にかけてくれていた。しかし、このようにできるだけみんなと同じように私を育ててくれた。

今から思うと、毎日忙しくて大変だったはずなのに、いつも穏やかで、一生懸命本気で向き合ってくれた。本当にありがたかったと感謝している。

アバウトが料理のコツ

学校でも一般校と同じように、小学部五年生から中学部・高等部で家庭科を勉強した。学期に二、三回ほど調理実習があったと思う。比較的簡単なサンドイッチや味噌汁、ポテトサラダから、少し手の込んだハンバーグ、親子丼、焼き魚など。高等部一年生のときの調理実習のテストは、たしか自分で栄養のバランスを考えて朝食を作ることだった。当時チーズが好きだった私は、大きな塊を一つ付けて、「カロリーオーバー」の減点をもらった。実習で魚の内臓を出したときは、触るとぬるぬるして臭かった。気持ちが悪くなって逃げ出した。先生に叱られたので、しかたなくギャーギャー叫びながら内臓を出した。その後も肉や魚を調理するのは好きではなかった。それでも教えてもらったことができないのが悔しくて、時間のあるときに家で練習をした。苦手意識はなくならなかったが、なんとかできるようになった。

こうして自力でできることが増えてはいったが、自分から積極的

職場での調理風景

に夕食を引き受けて、みんなに食べてもらうことはなかった。そんな私が料理というものに真剣に取り組みだしたのは、おいしいものを作って食べさせてあげたいと思える人が現れたときである。

今ならインターネットでクックパッドなどをひらけばレシピはたくさん見ることができるが、当時はそのようなものはない。東京と大阪の点字出版所で出されている本を三種類買って、簡単でおいしそうなものを選び、作り始めた。まず、計量スプーンで調味料を計る。砂糖や塩は計りやすいが、醬油、味醂のような液体は、平衡感覚が悪い全盲者にはなかなか難しく、特に小さじは使いにくい。小さくて浅いので、すぐにいっぱいになってあふれてしまう。しかたがないので、そのとき使うボウルやお鍋の上で入れることにして、あふれてしまったものは、おまけとして気にしないことに決めた。そう考えるとなんでもできてしまう気になってきた。さすが私はおおらか（?）でアバウトな〇型だ。そのうち慣れてくると、液体については、小さじ二分の一と書いてあるようなものは、「適当」と解釈し、大さじ一だと、一五ccのことだから、計量カップの五〇ccの目盛りを手がかりに、その三分の一程度を指で確かめながら入れることにした。ゆでたりフライパンで焼いたりするときには、タイマーを使うのが確実で便利ではあるのだが、フライパンで焼くときには、音でだいたいどんな状態なのかわかってきた。最初はジリジリパチパチと大きな音がするが、火が通ってくると静かになってくる。このようにいい加減に作ってもそれなりにおいしいものができた。だんだん楽しくなってきて、点字図書館から本を借りて、レシピを書き写したり、テレビの料理番組を聞いて、好みのものはメモを取った。少しずつレパートリーが増えていった。

ちょっとした工夫

目が見えない人が調理をするのに必須の特別な器具はなんだろう？　こう考えると思いつくのは一つだけ。指で針を触るか、音声を聞くかして重さを知る秤。これ以外は一般に売られているもので十分間にあう。今では深い計量スプーンやキャップのゴムの部分を押さえると規定の量が出てくる醤油さしも簡単に手に入るので、液体も計りやすくなった。また、多くの家庭で使われているタイマー、揚げ物が取り出しやすいようにざるが付いた電気フライヤー、すぐに沸く電気湯沸かしなども便利で安全である。

しかし、点字表記も手で触ってわかる印も付けられていない電気器具は、使いにくい。そんな場合には、透明のシールに点字を書いて貼り付けると、意外に使えて、レパートリーが増える。我が家では、電子レンジとパン焼き器に点字を付けている。

最近はレトルト食品や冷凍食品がたくさんあるし、いろいろなお惣菜も売られている。味にそんなにこだわらなければ、ご飯さえ炊ければ一人暮らしをしても食事には困らないようになってきたのではないだろうか。ご飯もレトルトのものがあるけれど、ご飯ぐらいは炊かないと高くつく。そのうち「もっとおいしいものが食べたいなあ」と、何か簡単なおかずを作るようになってはくれないものだろうか？　ちょっと頑張って、ちょっと工夫する楽しさを知ってもらえないだろうか？　そんな思いで総合学習の授業計画をたてたことがある。まず生徒たちにこんなアンケートを取った。

1　次のうち自分一人でできることは何ですか。（お茶を入れること、インスタントラーメンをつくること、ご飯を炊くこと、電話をかけて出前を頼むことなど三〇余りの質問）
2　家族の人が急用で朝早く出かけ、次の日の朝まで帰ってこないことになりました。一万円置いていってくれましたが、あなたは、その日は何を食べて何をして過ごしますか。

高校生に一日一万円というのは少し多いだろうが、これだけお金をもらったら、「電話をしてタクシーを呼んでレストランで食事をする」という答えもあってよいかと思った。一人でそれほど自由に外出できるわけではないから、タクシーを利用するというのは、ぜいたくとはいっても一つの選択肢だ。四人のうち三人はコンビニでおにぎりやお弁当を買って食べると答えた。そこで、ご飯が炊ければ温かくておいしいおにぎりが作れるし、レトルト食品や冷凍食品を使えばコンビニのお弁当とは違った食事ができるのではないかと説明し、家族の人に協力してもらってご飯を炊く練習をすることと、どんなレトルト食品や冷凍食品があるかを調べてくることを宿題にした。みんなそれなりに頑張って練習したし、私もこれまで使ったことのない冷凍食品を知った。

酒レンコン

今までにやってしまった料理の失敗はいろいろあるが、特に受けたのは、おせち料理で酢レンコンを作ろうとして、「酒《しゅ》レンコン」を作ってしまったこと。あわてて酢と料理酒のビンを間違えてしまった。しかし、この大失敗の「酒レンコン」、夫と娘の好みの味だったらしく、いつもなら酢レンコンは最後まで残るのに、「酒レンコン」は早くなくなった。

こんな失敗をしないように、まぎらわしいものが二つあるときには、どちらかに輪ゴムをかけておく。例えば、薄口醤油と濃口醤油のボトルは形が同じなので、私は薄口の方に輪ゴムをかけている。しかし、こんなふうに自分なりの印を付けていてもあわてるとあぶない。浅漬けの素と白出し汁もよく似ているので輪ゴムをかけておいたのに、お弁当に入れるホウレンソウの卵とじを浅漬けの素で作ってしまった。気づいたが、作り直す時間も材料もなかったので、「まあいいか。死ねへん。死ねへん」とそのまま使った。「今日のホウレンソウ、めっちゃまずくて食べられへんかった。なんであんなにまずかったんやろ?」と娘に言われた。白状すると、あきれて怒っていた。言い訳をさせてもらえるなら、朝はとても忙しい。お弁当作りのほかに、なかなか起きない娘を起こしてご飯を食べさせる。自分も流し台の前で立ったままご飯を食べる。簡単に片づけて仕事に行く準備をする。何をするのも普通の人より時間がかかる私が、これを一時間余りでしていたのだから。もっと早く起きて準備すればいいという話もあるだろうが、疲れていてそんなに早くは起きることができない。これが私の現実だった。

季温子
kioko

対話 その4

泉
izumi

食いしん坊は料理上手？

季　親が、「この子は目が見えないのだから、きょうだいや奥さんに世話をしてもらえるように頼んでおこう」とか、「料理上手な人を奥さんに見つけてあげるから、大丈夫」なんて思っていて、そのように子どもにも言って聞かせていることがよくある。

泉　たしかに、それが親心かもしれないね。

季　目が見える人は、突然料理をしなければならなくなっても、なんとかなるかもしれないけど、私たちの場合はそうではないよね。人がしていることを見て真似るわけにはいかないのだから。

泉　お母さんがいつまでも元気とは思えないし、急に一人になってしまうことだってある。やっぱりそういう事態は考えておかなければいけないはず。

季　そうは言っても、必要に迫られないと実感はないかもしれないね。でも、「一人になったら困る」という危機感を親子ともにもって、できるだけ早い時期に基本的なことはできるようになっておかないと…。

泉　目が見えない人で、料理の達人って知ってる？

季　私の知人で視力が徐々に低下して、ほぼ全盲になってしまった人がいる。でも、彼女は、すごく料理が上手。八人家族の夕食に六品も七品も一人で作ってた。メニューを聞いたらびっくりするよ。魚の煮付け、揚げ物、ハンバーグ、これにサラダや煮物がつく。我が家の三食分はあるね。

泉　目が見えていた頃の感覚が残っているのかな。それにしてもすごい。

季　揚げ物をするときも、特別なものを使っているわけではなく、普通のお鍋とお箸で大丈夫だと聞いてまたびっくりした。今までしてきたことは、目を使わなくても手や感覚が憶えているのだと思う。

泉　ところで、おいしい料理を作るコツってなんだろう。料理は、色合いとか、見ためも大きく影響すると思うけど、そのへんはどう？

季　コツなんてないよ。目が見えていてもいなくても同じで、まずはおいしいもの好きで、いろんなものを食べてみたいと思ってることだと思う。

泉　好きこそものの上手なれ、って、ちょっと意味が違うか。

季　私のまわりは、おいしいもの食べたがりが多いから、お互いに誘い合ってときどき外食してる。

泉　最大の楽しみかもしれないね。

季　食べたものが気に入って、同じようなものが作れそうな気がしたら、頑張って真似して作ってみる。お店の人に作り方を教えてもらえそうなときには聞いてくるよ。

泉　向上心が強いといっておこう。

季　だから、私みたいな食いしん坊妻は、ときどきはちょっと変わったおいしいものを食べに連れて行っておくと、家でももっとおいしいのが食べられるかもしれないよ。
泉　そこがいちばん言いたいところなんだね。
季　でも、超高級なお店のものは、材料も作り方も真似しにくいから、ちょっと高級ぐらいでいいよ。B級グルメも面白いね。
泉　承知しましたってことで…。
季　友人といっしょに食べていると、「わあ、この豆ご飯おいしそう！　豆の緑が鮮やかで綺麗で」とか、「この器、変わった形してて、色もすてき。触ってみて」とか、いろんなことを普通に話してくれる。
泉　見えないことをあまり気にしすぎず、思ったことを言ってくれるのがいいね。
季　そんなときに、どんな料理をどんな色の器に入れるとおいしそうに見えるのかわかる。自分の家にはそんな高級な器はないけど、料理と器の色の調和はなんとなく想像がつく。

理想の台所

泉　目が見えない人が、思う存分料理を楽しむ場合の、理想の台所ってどんなものだろう？　この際、ちょっと贅沢でもいいから夢のような台所を語ってみてくれる？
季　ものを持って歩くときに人とぶつからない広さがあること。
泉　ゆったりしているというのは大切なことだね。狭くて無理をすると、食器を割ったりしてしまう。

季　でも、あまり広すぎるのもだめ。平衡感覚が悪いので、テーブルまで運ぶのが大変。背の高いグラスやコーヒーが入ったカップをお盆に乗せて歩くのは難しい。

泉　平衡感覚っていうのは、やっぱり限界があるみたいだね。目が見えている者は、平衡感覚というより、目で見ながら調整しているのかもしれない。

季　だから私は、テーブルのところまで食器を運んでいって、そこで注いでる。広くても一〇畳ぐらいのダイニングキッチンがよい。それから、まな板や、切ったり混ぜたりしたものを入れるボウルがいくつか置ける広い調理台。

泉　これは贅沢に聞こえるかもしれないけど、かなり重要なポイントだね。

季　さらに、掃除しやすくて、フライパンやお鍋を置く場所が触ってわかる調理器。IHの調理器は、掃除しやすいけれど、置く位置がわかりにくくてよ崩れてしまう。

泉　今は、わりと普通の三口のガスレンジを使っているね。アルミのカバーをかぶせ、いろんな部分もアルミ箔で包み、何カ月かに一度取り換えている。

季　こうしておくと、掃除が楽。

泉　理想的には裸の火が出る調理器具は避けたほうがよいのだろうけど。

季　温度や匂いのセンサーが付いていて、「焦げています」とか、「温度が上がりすぎています」とかしゃべってくれる調理器もうれしいなあ。

泉　ほかには？

季 洗うものが入れやすい大きな食器洗浄機。

泉 食器洗浄機は、やはり便利だね。換気扇カバーの金属の網を洗浄機で洗うようになって、掃除もうんと楽になった。

季 だけど、最近の洗浄機は、深めの器や小皿が以前のより入れにくくなった。姿勢を低くして入れないといけないのに、うまくいかなくて時間がかかるから、腰が痛くなる。

泉 いろいろ工夫がこらされているけど、なんか裏目に出ているような気がする。特に目の見えない人や体の不自由な人には使いにくいのでは。

季 フランスやドイツにあったのみたいに、コップを置く段、お皿を立てる段、深めの器を置くところ、まな板専用のスペースとかに分けられていたら簡単に並べられるのにね。

台所の掟

泉 料理をする際に気をつけていることって何かある?

季 フライパンや中華鍋のように長い持ち手が付いているものを使うときは、持ち手は必ずガス台の奥の方に向ける。そうしないとうっかり体や手が当たって鍋が落ちたり、中にあるものがこぼれたりすることがあるから、すごく危ない。

泉 これはいつもやっているね。私も極力注意している。

季 それから、調理台はいつも清潔にしておく。使った後はもちろん、使う前にも必ず念入りにふく。

泉　う〜ん、これは怠け者の私にはできないことだ。

季　それと、目で見る代わりに指で触って確かめるので、手をよく洗う。生魚や肉を触ったときには、特に念入りに。

泉　洗いグマって言われてたよね。冬場はおかげで手がよく荒れていたようだけど。

季　ほかに、調味料はいつも決まった場所に、家族にも使用後は元に戻してくれるように頼んでいる。何がどこにあるのか一目見てわかるわけではないから、探し物で無駄な時間をとらないようにするため。

泉　これは、重要な点だね。守ってくれない人とは、台所でいっしょに仕事をしたくないみたいだ。

季　冷蔵庫の中には、記憶できる範囲の品物だけ入れる。ものを詰め込むと、見つけにくいし、手があたって、ものをこぼしたり、落としたりしやすくなる。

泉　冷蔵庫の中をいっぱいにする人とは、いっしょに暮らせないね。私の場合はいっぱいにするのはビールなんかだから問題はないけど。ともかく、台所については、いろいろ掟が多いね。

簡単レシピ

泉　これから料理を始めようと思っている人たちのため、いくつかお薦めの簡単な料理を披露してみて。栄養のバランスも良くて、おいしくてという…。

季　そんな三拍子そろったものはあるかなあ？　難しいね。それじゃあ、とりあえず三品。

ニンジンの極細切りと
スクランブルエッグ入りサラダ

夫が以前朝ご飯に作ってくれたものであるが、おもてなしの一品にもなると思う。

細切りのニンジンとスクランブルエッグがサラダをおいしくする。ベーコンを適当に切り、かりっといためて乗せるとさらにおいしくなる。また、材料として書いたもののほかに冷蔵庫に残っているキャベツ（千切り）、大根（千切り）、ブロッコリー（子房に分けてゆでる）などなんでも使えると思う。

材料（4人分）

レタス5～6枚、キュウリ1本、トマト1個、ニンジン2分の1本、卵2個、サラダ油少量、塩・コショウ少量

作り方

⑴レタスは、洗って一口大にちぎる。トマトは8分の1の櫛形に、キュウリは乱切り、ニンジンはスライサーの細切り用を使って細くする。

⑵卵は、塩・コショウして、ときほぐし、油を熱したフライパンでスクランブルエッグを作る。

⑶大皿にレタスを敷き、トマト、キュウリ、ニンジン、卵を乗せる。好みのドレッシングで。

我が家の自作ドレッシングは、ポン酢100cc、みりん20cc、塩・コショウ少量、ごま油少量

三色ご飯

勤務先の給食の人気メニューだった五色ご飯を簡単にしたもの。お弁当のメニューに困ったときのお助けメニューだった。

材料（4人分）

米2合、卵2個、牛肉200グラム、ホウレンソウ小1束または、サヤインゲン、スナップエンドウ、キヌサヤのうち1品1袋、砂糖大さじ1、醤油大さじ2、塩・コショウ少量

作り方

(1)米は洗って炊いておく。

(2)フライパンで油を熱し、スクランブルエッグを作る。

(3)フライパンで牛肉をいため、砂糖大さじ1、醤油大さじ2で味をつける。

(4)ホウレンソウはきれいに洗ってゆでる。サヤインゲンはすじを除いてゆでる。この2つは2～3センチの長さに切り、醤油少々で味をつける。キヌサヤ・スナップエンドウはすじを除き塩ゆでにして、縦に細切りにする。

(5)炊き上がったご飯に(2)～(4)を乗せる。

牛肉のかわりに豚肉・ミンチ肉やシーチキンの甘辛煮でもおいしい。ほかに椎茸の甘辛煮と紅ショウガがあれば、五色ご飯になる。

三色ご飯の弁当――カボチャサラダとプチトマトにフルーツ

カボチャサラダ

いためたベーコンとタマネギが良い味を出す。簡単に作れるが、お客様にもよろこばれ、我が家ではおもてなしの一品にもなる。

材料（4人分）

カボチャ（大）4分の1個、ベーコン100グラム、タマネギ（大）2分の1個、サラダ油少量、塩・コショウ少量、マヨネーズ大さじ3～4（好みで）。

作り方

⑴カボチャは、種とワタ、皮の硬い部分をとって、きれいに洗う。ラップに包んで電子レンジにかけて柔らかくする。ボウルの中で皮ごとつぶし、塩・コショウする。

⑵ベーコンは細切り、タマネギは粗みじん切りにする。

⑶油を熱したフライパンでベーコンをいためる。ある程度火がとおったら、タマネギを入れていため、塩・コショウする。

⑷⑴のカボチャに⑶を入れ、マヨネーズ（好みで黒コショウを加えてもよい）であえる。

5 エレガント？におしく食べる

見苦しくない食べ方って？

おいしいランチを食べながら、おしゃべりをするのが好きだという女性は多い。私も友人や家族、姉妹たちとランチを楽しんでいる。インターネットで評判が良い店や「あそこはおいしいよ」と聞けば、すぐに行ってみたくなる。

友人五人で行ったそんなイタリア料理の店は、にぎやかにランチを楽しむ女性たちで満席だった。

「新納さん、スパゲティーはいつもどうやって食べてる？　フォークで巻くの難しくない？　私は目が悪くなってから、ナイフやフォークを上手に使えなくなってね、きれいに食べる自信がないから、外食するときは和食が多くなってしまったんよ。『ランチはイタリアンにしようか？』って言われて、ちょっと不安になったけど、今日はみんな気心が知れた人たちばかりだから、思い切って来たんよ」

「フォークでスパゲティー食べるの、けっこう難しいよねえ。自慢じゃないけど私もきれいに巻くのは無理。適当に巻きつけるか、巻きにくいときは、すくうか引っかけるかして食べてる。あまり気にしすぎたら、せっかくのランチがおいしくなくなってしまうよ」

「でもね、知り合いの人から聞いたんだけどね、その人がレストランに入って行ったら、そこで食事をしてた人が、『あの人、目が悪いみたいやなあ。ぼくは以前目が見えん人と飯を食ったことがあるんやけど、その人、ものすごい食べ方したんや。びっくりしたよ。まわりの人がジロジロ見てるし、恥ずかしかった。もう食べた気がせんかった。二度とあの人らとは飯食いたくないなあ』と言ってるのが聞こえて、それからはその人は、外食できなくなったって。私もその話を聞いてからは、自分の食べ方が他人の目にどううつってるのか気になるんよね」

「二度といっしょに食べたくないって思うような食べ方っていうのはね、たぶん例えば、お箸を使わないで、お皿の中の物をぐしゃぐしゃと触って、その手で食べ物をつかんで口に入れる。ケーキを手づかみしてかじりつく。それがムースのように柔らかいものだと、ずるずる音をたてて吸い込む。大きなお皿を持ち上げて、それに口をつけてかきこむ。こんなことを言ってるんだと思うな。そんなの見たら、誰でもびっくりするよね。私たちは、お皿に乗ってるものが見えないのだから、お箸やフォークで探って確かめるのはあたりまえだと思うよ。ナイフやフォークは、見えてる人のようにかっこよくは使えないかもしれないけど、練習すれば、なんとか使えてるっていえるぐらいにはなるよ。それに自分の食べ方を気にする人は、『びっくりした』なんて言われるような食べ方はしてないと思う」

「そうかなあ？」

「うん、ぜったい！」

彼女は少しほっとした様子で運ばれてきた料理をおいしそうに食べ始めた。

私は、目が見えない人はみんなすごい食べ方をしているとか、その多くが食事のマナーが悪いと思っているわけではない。普段はあまり使うことがないナイフ・フォークは苦手だという視覚障害者は多いかもしれないが、日本は箸を使う国なのだから、箸で食べるのなら問題ないという人は多い。

「何してるときがいちばん楽しい?」と卒業生に聞くと、「仕事帰りや休みの日に、同僚や古くからの友だちと飲んで、おいしいものを食べるのが今はいちばんの楽しみ」という答えがよく返ってくる。

しかし、一方では箸が上手に使えないので、さしみに醤油をつけたり、天ぷらに抹茶塩や天つゆをつけて食べないといけないようなものは、外食するときには避けて、丼ものか、うどん・そばの類、カレーライスのようなものしか食べないという人もいる。さらに、「びっくりした」とか、「もういっしょに食事はしたくない」と思われてしまうような食べ方をする人がいるのも事実である。

なぜこのようなことになってしまうのだろう? みんながそうであるわけではないのだが、全盲の子どもの場合、箸を持ち始める幼児期に、正しい使い方を教えてもらえていないことがある。子どもの目に障害があることが悲しく、日常生活のしつけをする気になれなかったり、あるいは目の見えない我が子が不憫《ふびん》で、食べることが好きなのだから、あれこれ厳しいことを言わずに食べさせてやりたい。また、箸でものをはさむのはそれなりに難しいので、教えるのは時間がかかり大変だとあきらめてしまう。お皿の上のものを手づかみで食べていても、しかたがないと甘やかしてしまう。そうなると、子どもはその食べ方が習慣になる。周囲の人がどのように食べているのかを見ることができないのだから、誰かが教えない限り、自分の食べ方を修正することは難しい。

盲学校では、そういう子どもたちには、給食の時間などに食事指導を行っていた。また、保護者の方に、「将来同僚や恋人と楽しく過ごせるように、今のうちに少し上手に食事ができるようになっていてほしい」と話し、家庭での協力をお願いした。一日に三回の食事のうち二回は家でするのだから、私の真意を理解していただけた場合にはずいぶん改善された。しかし、「食べることにわずらわしいことを言うのはかわいそうだ」という思いから抜け出せなかった場合には、何も変わらなかった。しばらくの間、親子でその気になって頑張れば、あとは誰とでも食事を楽しめるようになるのに。今のうちにしておくべきことから逃げていれば、将来は寂しい思いをするかもしれないということに、なぜ気づいてもらえないのだろうと残念でならなかった。

また、大人になってからケガや病気、進行性の眼疾のために失明してしまうこともある。見えない手探りの世界に戸惑い失望し、それまでしていたことができなくなるのは当然のことである。すべての人がそうではないが、手で触って確かめながら食事をするようになる人もいる。箸を使って食べていても、見えていたときのようにうまくいかず、食べるのが苦痛になってしまう。しかし、訓練を受けることによって、見えない状態で食べるコツがつかめてくると、見えていた頃に近い食事のしかたに戻れる人が多い。そして、料理や一人での外出もできるようになる。

箸は奥が深い

では、私はどうだったのかというと、おそらく幼児の頃から箸を持って食べてはいた。しかし、正しく使えていたわけではなかった。煮豆やご飯粒のような小さいものをつかむのは苦手であったし、つかめたと思って持ち上げても、落としてしまうことがよくあった。

小学部三年生だったと思う。寄宿舎での食事の時間だった。「みんな、お箸上手に使えてないねえ。練習しようか。ご飯はかきこんだらあかん。お箸でつかもう」という先生の指導で、朝夕の食事の時間には箸の正しい使い方を練習することになった。先生は食事もしないで私たち一人ひとりの手をとって教えてくださった。それまでは、私もどちらかというとご飯をかきこむように食べていたが、難しくてめんどうではあっても、あわてずにかっこ良くご飯を食べようと意識するようになった。はさんだものを落とすことも少なくなった。私としては、これでかなり上達したという実感があった。しかし、それでもまだ改善の余地はあったようだが、それを知ったのはずっと後のことだった。

ようやく仕事が決まり、私は働き始めた。職場の同期の四人はとても気が合って、週末にはよくいっしょに食事やカラオケに出かけた。そんなある日、Aさんに二人で食事に行こうと誘われた。「いっしょにご飯食べてて、少し気になることがあるんよ。季温子さんがいつもきれいに食べようって意識してるのわかるし、それなりにうまく食べてるよ。でも、もう少しお箸の持ち方を工夫したら、今より楽に食べられると思う。おいしい天ぷらのお店があるから、そこで二人で研究しようよ」

私たちのように、目の見えないものに、このようなことを率直に正直に話してくれる人は多くはない。私のことを思ってくれる彼女の優しさがうれしかった。

彼女の推薦の店は、週末を楽しむ人々でにぎやかだった。さくっとできあがったあつあつの天ぷらが、おいしそうな匂いを放ちながら、お皿に山盛りになって運ばれてきた。「もう少し親指と人差し指でしっかり持って。そうそう、いけてるよ、いい感じ」などという彼女の指示を聞きながら、言われるとおりにしようと手に力が入った。箸でお皿の上を探って、ねらいをつけてはさみ、パクパク食べた。大盛りのお皿が空になった。心もお腹も満たされた夕食だった。

これで私の箸の使い方は完璧になったのかというと、そうでもない。箸は奥が深い。今でも食べるのに苦労しているものはある。それでもそれが食べたくて、家族や気の合う仲間と食べ歩きをしている。

「私は上手に食べられないから、外食はしたくない」と思っておられる方にお勧めしたい。自信がないところを誰かにアドバイスしてもらって、少しエレガント？に食べるコツを憶えよう。そして思い切って外に出て、楽しい仲間とおいしく食事を楽しもう！

季温子 kioko

対話 その5

泉 izumi

難しくても食べたいもの

泉 いくら上手になったとはいっても、苦手なものはあるでしょう。苦手なもののトップ3は何？

季 それはなんと言っても、釜揚げうどんと、ミルフィーユ、まるごとのお魚の煮付け。

泉　やっぱりトップは釜揚げうどん？　そうだと思ったけど、理由は？

季　釜揚げうどんは、お箸でつかめても、うどんがどこまで垂れ下がってきてるのかわからない。ダシ汁が入った器を持って受けるけど、手におうどんが触れたら、悲鳴を上げたくなるくらい熱い。もっと怖いのはお箸が滑ってうどんが、ゆで汁の入った器にぼちゃんと落ちてしまうとき。ゆで汁が飛び散って熱いだけではなくて、恥ずかしい。もう最悪。

泉　箸からうどんがダシ汁にすべり落ちて、服がよごれるのがいちばんいやなのかと思ってた。

季　それでも、ゆでたての歯ごたえがあるうどんを、おいしいダシ汁につけて食べるのは最高！　家では出せない味やねえ。だから、いくら食べにくくても食べたくて、ときどき誰か気をつかわない人と食べに行って、助けてもらってるよ。

泉　釜揚げうどんは食べにくさが三拍子そろっているという感じだね。

季　ミルフィーユは、私の大好きなケーキの一つ。サクサクのパイと生クリームと果物のマッチングは最高！　でも、最悪に食べにくいよね。外で食べたら、ナイフとフォークがついてくるけど、あんなのナイフで切ろうなんて思ったら、グシャグシャに崩れて、大変なことになるよ。

泉　ミルフィーユって、おしゃれな食べ方はあるんだろうか？

季　しかたがないから、まず上に乗ってる果物からフォークでさしてやっつける。それから、パイを一枚ずつフォークでさして食べていくしか私にはできない。

泉　自分も同じように食べるかな。そうするか、崩れるのを気にせず食べるか。

季 ミルフィーユは、買ってきて、おいしいコーヒーか紅茶を入れて、手でもってかじって食べるのがいちばんおいしいよ。さっきも言ったけど、パイと生クリームと果物が一度に口に入るからね。

泉 そうか、その三つが混ざり合ってこそおいしいのか。で、三番目は？

季 お店で食べるときには、魚の煮付けはぜったい選ばない。

泉 汁が服に飛ぶから？

季 それもあるけど、なんといっても食べにくい。右手でお箸をもって、左手で魚の部分を確かめながら身だけを取り出して、骨や頭は横によけて置く。でも食べてるうちに、よけておいたはずの骨をつかんでしまったり、グシャグシャになってくるし、手はべとべとで魚臭いし、もう大変。

ケーキの思い出

泉 箸や、ナイフ・フォークなどで、使いやすいものと使いにくいものはある？

季 角がなくて、つるつるしてる塗り箸は、滑って使いにくいよ。割り箸がいいね。食べる練習をするときには、割り箸がおすすめ。ナイフ・フォーク・スプーンは、持ち手のところが平たいのが良いと思う。まん丸だと、柄をもっただけでは、先がどっちに向いてるのかわからないからね。

泉 平たいだけじゃなくて、表裏がわかるのがいいんでしょ。

季 でも、これはちょっと人さし指を伸ばして確かめたらすむことやから、慣れてくるとどんなのでもいいのかもしれないけどね。

泉　デザイン性の高い食器類って、なんとなく使いやすさを犠牲にしているようなところがあって、目が見えない人にはあんまり向かないように思う。ところで、ナイフ・フォークの使い方って、どうやって練習したの？

季　実は、フォークが使えなかったから、おいしそうなケーキを逃した悲しい思い出がある。たぶん大学生のときやったと思う。あるお宅で紅茶と生クリームのケーキを出してくださった。当時は生クリームのケーキはまだ少なくて高級品。たいていはバタークリームのこってりしたのか、チョコレートケーキかチーズケーキで、食べるときには、手で持ってかじってた。

泉　うそ、外でも？

季　当時はケーキなんて食べるのは家でも年に数回。学生のときはお金ないし、お店で食べると高くつくから、ケーキは外では食べなかったよ。

泉　なるほど、そういう時代だったね。あの頃に比べると、日本のケーキはなんとおしゃれで、おいしくなったことか。

季　「すごいおいしそうなケーキやで」って言われたけど、柔らかい生クリームのケーキをフォークでどうやって食べたらいいのかわからなくて。そのお宅は初めてうかがったところで緊張してたし、紅茶だけいただいて、ケーキはあきらめた。

泉　何十年も前のことを憶えているんだから、そうとうに食べたかったんだね。

季　食いしん坊の私は、あのケーキが食べられなかったことが残念で、お財布の中がちょっとリッチなときに、なるべく安いのを買ってきて、ひそかにフォークで食べる練習したよ。
泉　これは、盲学校で練習しなかったんだ。で、ケーキトレーニングは、最初はどんなのがいいの？シンプルなショートケーキ？
季　チーズケーキがおすすめ。崩れにくいから切りやすいし、つきさしても落ちにくいしね。
泉　レアじゃないほうのチーズケーキだね。
季　レアは、底のクッキーが固くて切りにくいときがあるけど、それでもほかのよりはまだ食べやすい。
泉　ケーキに秘められた苦難の歴史、かな？
季　ケーキのことがきっかけになって、ナイフ・フォークも使えないとまた悲しい思いをするかもと思って、練習できるものがあるときにはやってみることにした。家で誰かに見てもらいながらね。
泉　どんなものを使って？
季　おやつにホットケーキを焼いたり、夕食がハンバーグやったりしたときには、ナイフとフォークで食べてみるようになった。この二つは切りやすいし、崩れにくいから、練習するには良い食べ物やと思う。正直なところ、今でもナイフ・フォークはちょっと苦手。小さめの細長い形のステーキなら切りやすいけど、大きく広がってるのは食べにくいよ。

使いやすい食器

泉　使いやすいお皿とか、食器の好みはどう？

季　縁《ふち》がちょっと上がってて、深さがあるお皿がいいな。お箸でもフォークでも最後に残ったものをよせて食べるときには、縁が上がってるほうがつかみやすいし、すくいやすい。

泉　なるほど、平たいままだと、外にすべりだしてしまうかもしれないんだ。

季　それに、平たいお皿は、ダシ汁やタレが残ってると、片づけるときにこぼさないかと心配になる。

泉　平衡感覚は、どうしても苦手っていつも言っているね。

季　カップや湯のみ茶碗はちょっと大きめで、あまり器が厚くないのがいい。カップをとおして伝わってくる熱や重さで、どれくらい入っているか見当をつける。だから、器が厚すぎると、熱が伝わりにくくて、入れすぎる。小さいカップは、すぐにいっぱいになって、あふれそうになるしね。

泉　今使っているカップは、この条件にピッタリだ。

季　計量カップの中の調味料は指で確かめるけど、お茶とかコーヒーを入れるときには、指は使わない。指をつっこみながら入れてもらったコーヒーなんて飲みたくないでしょう。

デートを楽しむために

泉　学校で生徒のみんなから教えてほしいって言われたことはある？　ステーキの食べ方とか。

季　特に女の子は、美しく食べたいと思ってる子が多い。廊下を歩いてたらつかまって、デートのときに食べないほうがいいものは何？　とか、いろいろ聞かれることがあった。

泉　やっぱりデートだと気になるんだ。

季　カフェに入ることは多いやろうから、ちょっと対策を講じておこうと思った。

泉　対策って、練習するっていうこと？

季　そうそう、文化祭の反省会や学年末のホームルームの時間に、コーヒーや紅茶を自分で入れて、ケーキはフォークで食べるっていうのをよくやってた。時間がとれるときには、ホットケーキを焼いて、ナイフとフォークで食べるとかね。でもこんなことばかりしてられないから、一年に一、二回できるぐらいやけど。これをきっかけに練習してくれるようになったらいいなあって思ってね。

泉　それで、反応はどうだったの？　うまくなった？

季　こんな練習する前から上手な子はもちろんいるから、そんな子は平気でうれしそうに食べてた。でも、あちらこちらから、「ウワー、倒れた」とか、「ギャー、崩れたよー」なんていう声が聞こえてきた。ちょっと大騒ぎやったけど、それなりにみんな楽しそうにしてた。困って騒いでるのはなぜか男の子が多かった気がする。

泉　いつも、手づかみで食べてたんだ。

季　みんながその後も家で練習してたかどうかは疑問やけど、ときどき、「この前の日曜日にケーキ食べるのお母さんと練習したよ」なんて言ってくれる子もいて、ちょっとうれしかった。そのときはめんどうでやらなくても、必要になったときに学校でしたことを思い出して、頑張ってくれたらいいと思ってた。

ちょっと助太刀いたそう

泉　服が汚れないようにする工夫はどうしてる？

季　一般の人がしてるように大きめのハンカチを膝に置くことぐらいやね。それとウェットティッシュは必需品。

泉　手が汚れたのをあとでふけるから？

季　うん、それに何か服に落としたり、ダシ汁なんかが飛んだときには、すぐに応急処置できる。

泉　なるほど。早く手を打てばシミにならないかもしれない。

季　あれは優れもので、食事の前に手を洗えなかったら、潔癖症の私はとりあえずそれで手を清潔にする。食べてるときにバターをパンにぬったり、果物の皮をとったりすると手が汚れるし、そんな手で手引きしてくれる人の服に触れたら申し訳ない。紙ナプキンではあまりきれいにとれないからね。

泉　海外のレストランにもときどき行ったと思うけど、これはまいったというのはある？

季　ヨーロッパのレストランでは、大皿にいろんな種類のものが乗せられてくるよね。メインのお肉やお魚といっしょに野菜サラダ、マッシュドポテト、ポテトフライ。いったいどれだけ食べるの？って言いたくなるぐらいにいろんなものが積まれてることがあるよね。おまけにメインのお肉やお魚につけるソースが入ってる小さいカップまでいっしょに乗ってることがある。

泉　格調高いコース料理ならそんなことはないんだけど、私たちが行く店だと、どうしてもそうなるね。

季　和食のように、個別の器に入ってないから、何からどう食べようかと困ってしまう。

泉 個別の器ではなくても、和食では折り詰めのように仕切られていたりするしね。

季 運悪くメインを魚にしてしまったら、本当に悲惨！ ナイフで切ると崩れてしまって、どうすればいいのかますますわからなくなる。細かく崩れてしまった魚は、フォークにも乗せにくいしね。それを学習したから、食べにくそうな大きな切り身のお魚をメインには選ばないことにしてる。和食も洋食も外食のときには、魚は天敵。

泉 ところで、料理が運ばれてきて、ちょっと手助けをしてもらったほうがよいことってあるよね。例えば飾りのモミジの葉を別のところに置くとか。

季 うん、あるね。おさしみだと思ってつかんだら、わさびやったり、飾りのお花やったり。最後に出てきたお茶漬けを食べたら、わさびの固まりがあって、死にそうになったりすることあるよ。

泉 ほどよい手助けのしかたは？ あんまり相手の人が気がつきすぎるのも、何か見つめられているような気がしない？

季 よくいっしょに食事をする友人はね、「ちょっと助太刀いたそう」って言って、飾りの花をとりのぞいてくれたり、辛子を付けてくれたり、混ぜてくれたり、最後まできれいに食べようと悪戦苦闘してると手をかしてくれたり、いろいろ助けてくれる。あの「ちょっと助太刀いたそう」は、本当にありがたい。

6 旅の楽しみいろいろ

友との旅

短大二回生の夏、友人二人と四泊五日で山陰山陽方面に出かけた。その前の年の秋頃から「お金を貯めて来年の夏は旅行しよう」という計画が立てられていた。私以外の二人は、それに向けてアルバイトを始めたが、それができない私は、お年玉やおこづかいを残して準備をした。とぼしい予算の中での旅なので、二泊はユースホステル、残り二泊は国民宿舎。「リッチな旅」とはいえないが、初めて新幹線に乗り、倉敷を歩き、鳥取砂丘の海で泳ぎ、浜坂の温泉で海の幸を堪能し、夜遅くまで語り合った、思い出深い初めての友人たちとの旅だった。幸せいっぱいに帰宅したときの私の所持金は、途中で靴が壊れるというハプニングのためもあったが、なんと一五円だった。

その後、また同じように資金を貯めて、今度は九州へ。初春の香りがする宮崎県の日南海岸を散歩し、桜島の宿舎では時間を忘れて語り明かした。そして別府の温泉に気がすむまでつかった。

この二度の旅行は、楽しい思い出として私の心に残ったばかりでなく、友人たちと旅行を楽しむきっかけにもなった。

しかし、その後しばらくこのような楽しみは、おあずけになってしまった。というのは、私は大学を卒業してから、なかなか仕事につけなかった。「英語の先生になりたい」という高校生の頃からの夢を実現するために、教員採用試験の点字受験実施をお願いする交渉に出かけたり、受験勉強をしたり忙しいが不安な毎日を過ごしていた。気晴らしに旅行に行ってみたいとは思ったが、その時間もお金もなかった。「仕事ができるようになったらまたどこかに行きたい」。これが当時の私の楽しみであり、夢でもあった。

念願の就職が実現して三年目、思いがけないチャンスが転がり込んできた。「アメリカに行こうよ」と友人が誘ってくれた。シアトルとニューヨークに彼女の知人がおられて、私たちのホームステイを引き受けてくださった。空港まで迎えに来ていただけることになっていたが、友人も視覚障害者で、二人とも白杖が頼りだった。しかし、自分の仕事と関係が深いアメリカに行ってみたいという気持ちが強かったことと、のんきな性格のため、目が見えないのにそんな遠いところまで行って大丈夫なのかと不安になることはなかった。初めて乗る飛行機のことや、自分の英語が通じるかなどと考えると、どきどき、わくわくして二週間の旅行が待ち遠しかった。

シアトルは、落ち着いた静かな町だった。白夜のようで、九時になっても光覚しかない私の目にもわかるくらい明るい。聞いてはいたが、これが白夜なんだと実感した。リビングの大きな窓の外は、広いデッキになっていた。そこにある大きな揺りイスに座って、この家のご夫婦と夜遅くまで語り続けた。

お二人の若い頃の苦労話、この町のこと、日本の食べ物や文化についてなどなど話はつきなかった。あんなに長時間必死で英語を話し、言われることを理解しようと一生懸命になったのは初めてだった。夏とは思えない涼しい風が吹いて、かけてある金属製の風鈴が静かに澄んだ美しい音をたてた。私が子どもの頃に大好きで何度も読んだ小説『赤毛のアン』は、カナダのプリンスエドワード島が舞台だけれど、アンが暮らしたのはきっとこんな素敵なところだったんだろうと想像すると、とても幸せな気分になった。

ニューヨークは、さすがに賑やかな大都会で、シアトルとはまったく雰囲気が違った。思ったより蒸し暑く、少し夏バテ気味になった。お世話になったお宅は郊外にあったが、入り口のドアは三重になっていた。「やっぱりニューヨークはちょっと怖いところなのかもしれないなあ?」と少し緊張した。

そのお宅には、日本人の全盲の男性が下宿していた。彼は中学生のときに失明したそうだ。その後は学校には行かず、お父さんとともにホテルやレストランで歌手として働きながら語学学校で英語を学び、アメリカにやってきたというたくましい人だった。彼の話す英語はとても流暢で素晴らしかった。昼間はピアノと歌のレッスンを受け、夜はレストランでピアノの弾き語りをしていた。一度そのレストランに食事に出かけた。低音でゆったりと歌う彼に、お客さんたちは静かに温かい拍手を送っていた。外国でこんなふうに生きている全盲の人がいる。私には、新鮮な驚きだった。

私たちをホームステイさせてくださった方々をはじめ、たくさんの人の温かさに助けられて、驚きの連続の二週間の旅は本当に夢のように、あっという間に終わってしまった。この旅のおかげで、日本以外のいろいろな国に行ってみたい、そして、そこに暮らす人たちの生活に少しでもふれることができたら、そしてできるならいろんな人と話してみたいと思うようになった。

私の旅の楽しみ方

目が見える人からは、「景色が見えなくても旅行は楽しい？」と聞かれることがある。また、何らかの理由で途中で視力をなくした人からは、「景色が見えなくなってしまったし、おいしそうな料理も、きれいな器も見えない。今はどこに行っても楽しくないし、何を食べてもおいしくないよ。旅行して楽しい？」と言われる。突然見えなくなって絶望のあまりそのように思われる気持ちは理解できる。しかし、考え方を少しずつ変えることができれば、これからの人生をより楽しめるのではないだろうかと私は思う。もちろん美しい景色は見えたほうがいいし、出されるものの色や形を見るのも楽しいとは思う。しかし、食べ物は口と鼻で味わうものである。食べ物の好みは人それぞれだろうが、ほかの人がおいしいと思うものは、私にもたいてい十分おいしい。

旅行をすると、いろいろな発見があるし、普段は気づかないことを、目以外のところでも感じることができる。季節の花の香り、

友人と旅行

木の匂い、山の土の湿った匂いがする新鮮な空気を吸い込むと、「今、旅行中」という実感がわき、テンションが上がる。旬の食べ物は、高級なレストランでなくてもおいしい。漁村の小さな食堂で出されるお寿司も海鮮丼も最高である。また、その土地の銘菓を調べて行って、お土産に買ってくるのも楽しみの一つである。宿で出してもらって気に入ったお料理の作り方を教えてもらったり、その土地の昔や今の話を聞くのも楽しい。温泉があれば、一泊するたびに三回は入る。

三〇年ほど前に全盲の友人と二人で、鳥取県の民宿に行ったことがある。岩美の駅から民宿まではタクシーを使った。私たちを見て、宿の奥さんはとても驚かれ、「お部屋は二階だけど大丈夫？　カニはお手伝いしなくても食べられるの？　お風呂は危なくないかなあ？」と大変心配してくださった。

夕食は、カニのおさしみ、ゆでガニ、焼きガニ、カニ鍋などカニづくしで、ところせましとごちそうがテーブルに並べられた。「本当に大丈夫ですか？　カニの身とりましょうか？　お鍋つくりましょうか？」と、申し訳ないほど心配してくださった。二人とも、「ありがとうございます。大丈夫ですよ。ゆっくりやりますから」と笑って答えた。材料を少しずつお鍋に入れながら、山のようにある各種カニの身をせっせと取り出して、夢中で食べた。最後はカニ雑炊で、これがまた絶品。たくさんは飲めないけれど、甘い冷酒がよくカニと合って、おいしかった。お腹いっぱいになって、ボーッとくつろいでいると、片づけに来られた奥さんに、「まあ、きれいに食べたねえ！」と、またびっくりされてしまった。

翌日駅に戻るのもタクシーに乗った。駅まで歩くには遠かったし、歩いたことがない雪が積もった道は安全ではない。電車に乗るにはまだまだ時間がたっぷりあった。「今から何する？」と二人で思案していたのだが、昨夜今朝とあんなにたくさん食べたにもかかわらず、なんとなくお腹がすいてきた。「寒いから、おうどんか、おそばでも食べようか？」ということになった。白杖でこつこつ道を確かめながら歩いていると、どこからかおいしそうなダシ汁の匂いがしてきた。「どこやろう？」としばらくうろうろしていると、それらしい店の前にきた。暖簾が手に触れた。「きっとここやで。見つけたー！」

「美術館や博物館は、展示品はみんなガラスケースの中やから、行っても面白くない」、というのがほとんどの全盲の人の意見だと思う。それは確かにそのとおりで、私もほかに選択肢があれば、そこは避けたいと思ってしまう。しかし、これらの場所の中には、数は多くないが、オルゴール博物館や音楽博物館のように、それなりに楽しめるところもある。また、少し下調べをしておいたり、その場で説明を読んでもらえると、ある程度理解できて、想像がふくらむ。触れることができる物があればもっと良い。

ベルリンの「壁博物館」で、東からの脱出に使われたという車や飛行機を、説明してもらいながら触ったことがある。車は、銃で撃たれても大丈夫なように、内側がコンクリートで固められていた。一夜のうちに壁が作られてしまって、家族や親戚、友人たちと突然離ればなれにされた人々の悲しみや苦しみが心にしみてつらかった。

また、プノンペンの博物館では、どれほど多くの罪もない人たちがポルポト派に虐殺されたかを知り、あまりのことに言葉を失った。プノンペンを案内してくださったガイドさんは、八人家族がそのときに三人になってしまったとおっしゃったし、アンコールワットの遺跡を案内してくださったガイドさんは、生まれて間もなくお父さんが殺されたので、父親の顔を知らないとおっしゃっていた。「私たちの国は長い間内戦が続きました。たくさんの犠牲者をだし、多くのものをなくしました。やっと平和になって一〇年です。この一〇年でここまで発展しました。これから一〇年平和が続けば、私たちの国はもっともっと変わるでしょう。みなさん一〇年後に、ぜひまたこの国を見に来てください」。旅行の終わりに聞いたガイドさんのこの言葉が忘れられない。

季温子
kioko

対話 その6

泉
izumi

ツアーを楽しむ

泉　全盲だけの珍道中みたいなのが面白いけれど、そういうのを楽しんでる人って、けっこういるんだろうか？

季　いるよ。私の知人は、当時保育所に通ってた六歳の息子さんと二人でハワイに行ってきた。

泉　なんと、海外旅行なんだ。息子さんは、目が見えているの？

季　そう。でも六歳だからね。その人のお父さんは、昔、忙しい仕事の合間に彼を旅行に連れて行ってくれたらしい。船に乗って釣りをさせてもらったのが楽しくて、忘れられない思い出なんだって。子どもができたら、いっしょに旅行したいと、ずーっと思ってたって。

泉　なるほど。そういう思い出は一生残るからね。

季　それで、旅行会社に行って、幼い息子さんと二人で行きたいと、ツアーの申し込みをしたら、「うちはかまわないですが、飛行機会社からOKが出ません」という理由で、断られた。

泉　それって、いつ頃のこと？　最近の飛行機会社は、そうしたサービスはかなりきっちりしていると思うけど。

季　二〇〇七年頃かな。うちではその一〇年ぐらい前から、娘と二人で飛行機に乗るときには、ファミリーサービスを頼んでいたんやから、その旅行会社の対応はとんでもないね。

泉　OKが出ないなんてことは考えにくい。

季　その人も、そんな変なことを言うところでは頼みたくもないから、さっさとやめた。それで、二社目をあたったら、「まったく問題ないですよ」と快く引き受けてもらえたらしい。

泉　ほんとに最初が肝心だよね。こういうのって、なんのかんのと言われるときは、最後まで言われ続ける気がする。

季　そのツアーは、飛行機とホテルが付いてて、あとは自由行動で、オプションがあったらしい。ホノルル空港からバスでホテルに着いたとき、彼ら親子だけバスに残るように言われた。なんでかなあ？って思ってたら、旅行会社の現地駐在の方が来られた。

泉　そういうときって、何か特別扱いで、いやな予感がするんだけど。

季　ところが、そうではなくて、オプションの車が迎えに来る場所など必要なところに実際に連れて行ってくれて、何か歩くときの目印になるようなものがあれば触らせてくれたり、六歳の息子さんにもわかるように教えてもくれたって。

泉　なんと。予想外！

季　さらに、「当社の事務所は、このショッピングセンターの○階にございます。何かございましたら、いつでもご遠慮なくご連絡ください」と、涙が出るほど至れり尽くせりの対応をしてもらったらしい。それで、まったく不自由なく、息子さんと二人で、ワイキキで泳いで、「ハナウマ湾」にも行って、オプションも楽しめたって。同じツアーの人たちも良い人ばかりで親切にしてもらえたってよろこんでた。

泉　その人って、いつも自分で旅行してたの？

季　彼のところは、全盲の夫婦でね、結婚前のデートも見えていないと行きにくいような場所にも出かけて楽しんでたみたい。

泉　デートは、行きやすいところを選ぶのが鉄則かと思った。

季　例えば神戸の中華街の露店で食べ歩きするとかね。彼はそういうところに行くのは初めてだったらしいけど、奥さんから、「なんとかなるよ。楽しいよ。行ってみようよ」って誘われたんだって。この「なんとかなるよ」って思って、なんでもやってみるのが大事なことなんだよね。

車イスに乗せられて

泉　ほかにも何か面白い旅行話はある？

季　シンガポールに行ってきた全盲の二人組、ちょっと面白い話を聞いたことがあるよ。

泉　それって、カップル？

季　男性二人。シンガポールに向かう機内で、空港で地上職員をつけようかと乗務員に聞かれたんだって。それで、どうしようかとちょっと迷ったけど、とりあえずお願いすることにしたらしい。

泉　初めての空港って、目が見えていてもけっこう難しいよね。どこに行ったらよいかわからない。

季　しばらく待ってると、今度はなんて言ってきたと思う？「地上職員をつける場合は、車イスに乗ってもらわないといけない」だって。

泉　変なの。小さい子どもさんが一人旅をするときなんか、普通に地上職員がつくはずなのに。

季　地上職員が来る場合は車イスということになっているって現地から連絡があったらしい。そもそも目が見えなくても歩ける。車イスは必要ないよね。結局は、初めて行く空港での不安もあるし、しかたなく車イスに乗ることにしたんだって。

泉　ま、車イスに乗ったからっていって、それほど不自由ってことはないだろうから。

季　いやいや、それがね、お金を請求されたらしいよ。

泉　え、ほんと？　いくらぐらい？

季　行き帰りに二人で八千円ぐらい。思わぬ出費になったと苦笑してた。

泉　それって、本当に飛行機会社の方針なんだろうか。

季　この話にはまだ続きがある。帰りに関西空港に着いたら、頼んでもいないのに、職員が車イスを持って迎えに来てた。びっくりして、「これに乗ったら、また高いお金払うことになるんでしょ?」って言ったら、「無料ですから、どうぞ」って。

泉　それで、また乗ったの?

季　面白い二人組で、そんならということで、また乗ったんだって。そしたら、迎えに来てくれてた家族の人は、車イスに乗って二人が来るのが見えたから、ケガをして帰ってきたんだと思ってすごくびっくりされたらしいよ。

泉　ま、珍道中ということだと思うけど、でもちょっと困るよね。

季　障害者といえば、すぐ車イスってことになるのはなんでかなあ?　空港でのサービスって融通がきかないことがときどきあるよね。

飛行機のサービス

泉　飛行機に乗るときのファミリーサービスってどんなことを手助けしてくれるの?

季　空港でチケットを受け取ったあとは、必要なことは全部手伝ってもらえたよ。手荷物検査や出国の手続きの場所、出発のゲートまでの案内はもちろん、到着した空港では預けた荷物も探してくれた。荷物には、見つけてもらいやすいように目立つ色の小さなスカーフを結んでおいたから、問題はなかった。入国手続きにもいっしょに行ってもらえて、おかげでなんだかんだと聞かれないですんだ。最後は外まで送ってくれた。

泉 搭乗手続きをしたら、そのあとはずっと誰かついてくれるの？

季 当時は、必要な手続きが終わったら、ラウンジに案内されて、出発時刻が近づいたら、また迎えに来てくれた。

泉 機内食なんかは？

季 食事は席まで運ばれたときに簡単な説明をしてもらえる。でも、ときどきちょっと困ることがある。飲み物や食べ物が運ばれてきたときに、どんなものがほしいのか聞かれるやろ？

泉 メインを肉にするか魚かとか…。

季 視線が合わせられない私には、隣の席の人に聞いてるのか私になのかわからなくて、返事をしてよいものかと迷ってしまう。

泉 声をかけられる順番って、けっこう難しい。

季 軽く手に触れるとか、肩を叩いてもらえたら、自分に言われているってわかるんやけどね。

利用しやすい旅館やホテル

泉 旅館やホテルで困ることはある？

季 見えている女の人がいないときや夫婦で行くときに、ちょっと不安なのはお風呂かなあ？

泉　そうだよね。夫婦だと中までついていくこともできないし。

季　でも、そんなに広い豪華ホテルに泊まってないから、お風呂の中もなんとかなるよ。人の話し声で服を入れる場所がわかるし、ドライヤーの音で洗面所の位置がわかる。シャワーの音や湯が流れる音で湯船やシャワーの場所もだいたいわかる。それに声をかけてくれる親切な人もいるしね。

泉　それでも難しそうに思うけど。

季　誰もいないときには、ほかの人に気兼ねしないでいろんなものや場所をゆっくり探せるから、それはそれでうまくいく。うちの子がまだ小さかったときに何度か二人で旅館のお風呂に入ったけど、特に問題はなかったよ。

泉　以前に、京都のホテルで、一人で食事をしたことがあったね。

季　それって、うちの子の大学受験のときについて行って泊まったホテルのこと？　そんなに高級なホテルではなかったけど、本当にサービスが行き届いていたね。テストが二日間あったから、二泊した。休暇を取らせてもらって行ったんやけど、私も忙しくて、テストの一日目にあの子を送り出してからは、ホテルの部屋でもできる自分の仕事をすることにした。部屋にはポットがあって、お茶が飲めるし、トイレもあるし、不自由なく快適に仕事ができた。

泉　昼食は？

季　少し早めにすませようと思った。全盲だけのときや一人で行くときには、混む時間はできるだけ避けてる。メニューの説明をお願いしたりバイキングを取ってもらったりするから、店が混んでたら申し訳ない。それで、まずフロントに行って、ランチメニューがあるレストランがあるかどうか聞いてみた。ホテルで食べるなら、ランチメニューにしないと高くつくやろ?

泉　ホテルのフロントは、だいたいきちっと対応してくれるよね。

季　ラッキーなことに、和風レストランと洋風レストランの二つがあって、洋風レストランには、サラダバイキングが付いてたんよね。私は野菜が大好きやから、それが食べたくて、洋風レストランの場所を教えてもらった。

泉　バイキングはけっこう難しいと思うけど。

季　そこで対応してくれたウエイターさんの気配りには本当に感動したよ。お水や食べ物を運んできてくれるときには、「右手のほうから失礼します」と声がかかる。お皿に乗っているものを説明してくれるときも、「三時の方向には、○○がございます」というふうに時計の方向で説明してもらえて、とてもありがたかった。もちろんサラダのおかわりも聞いてくれて、しっかり食べたよ。

泉　時計で説明してくれるっていうのは、目の見えない人たちの世界の習慣をよく知っているね。きちんとした研修でもあるんだろうか。簡単な研修ではそこまでできないと思うけど。ところで、「右手のほうから失礼します」って言ってもらえると助かる?

季　そう言われたら、ものを置いてもらうのに邪魔にならない姿勢がとれるからいいと思う。

泉　お皿の上に乗っているものを、時計の時刻で説明するのって、いかにも目の見える人本位の説明のしかたみたいだけど、もちろん、そうじゃないんだよね。

季　私たちも、触って読むアナログ時計を使っているから、方向が具体的でわかりやすい。食事が終わって、レストランから出ると、おみやげ物の売店があるのに気づいた。お客さんがほとんどいない様子やったから、声をかけて、おいしいものや人気の和菓子を説明してもらって、たくさん買ってきた。娘の受験について行ったのに、楽しんでしまった。

泉　うーん、口で買い物をする妙技を発揮したわけだ。

季　次の日、あの子を送り出した後、職場に戻ろうとチェックアウトに行ったら、「少し待っていただけたら、手が空きますので、駅までお送りできますが」って言われた。

泉　う～～ん、なんとありがたい申し出。

季　忙しくしておられるのに、お手数かけたら悪いから少し思案した。地下鉄の駅まではそれほど遠くはなかったけど、その日はかなりひどく雨が降っていた。ひどい雨の日は歩きにくいからお願いすることにした。正直なところとてもありがたかったよ。

泉　特別の人だけが親切というのではなくて、ホテル全体がきちんとしているんだ。そういうところが増えてくれると、旅行もしやすくなるだろうね。

7 広がる文字環境

点字の歴史

視覚障害者の文字と言えば点字。最近では、駅の券売機や、階段の手すり、新幹線やビルのトイレ、エレベーターなどにも付けられ、一般の人々の目にもとまるようになってきた。点字は、視覚障害者の学習にも日常生活にも必須のものである。

この素晴らしい点字ができるまでには、長い年月を要した。世界で最初の視覚障害者用の文字は、約二千年も前のローマ時代に創造されたという。象牙や板、金属板に文字を凹刻し、指先で触れて読みとる触知文字であった。しかし、一般の文字の形は複雑で、触ってすべての文字を理解するのは難しく、なんとか読めたとしても、書くことはできなかった。五世紀頃にローマ帝国が衰えてくると、戦争や併合などが繰り返され、社会の安定が失われるようになった。このような状況下では、障害者は非生産的な存在であるためか、その教育や文字についての研究がなされなくなった。一六世紀に入ってようやくスペインで、木片に文字を刻んだ触読用の文字が作成された。

その後、フランスの軍人であるシャルル・バルビエが、軍隊で夜間に用いる伝達手段として、一二点（縦に六点が二列）を組み合わせた文字を考案した。しかし、縦に六点もあるというのは、指で触れるには長すぎて読みにくいという欠点があり、実際に採用されることはなかったという。シャルル・バルビエは、この一二点の文字を目の見えない人たちに使ってもらおうと考えた。

自身が視覚障害者であり、パリの盲学校の教師であったルイ・ブライユは、シャルル・バルビエの文字をヒントに、六点(縦に三点が二列)を規則的に組み合わせた点字を完成した。ブライユ考案の点字は、一文字の大きさが指で触れて理解するのにちょうど良く、画期的な発明であった。一八二五年にパリの盲学校で実験的に使われ始めた。しかし、フランス政府がこれを正式な視覚障害者の文字として認めたのは一八五四年で、ブライユはこのよろこびの知らせを聞くことはできなかった。巧みに作られた読み書きしやすい彼の点字は、急速に各国に広がっていった。

明治になって日本にもブライユの点字が伝えられた。一八九〇年、東京盲唖学校（現在の筑波大学附属視覚特別支援学校）の教員であった石川倉次が、日本語の点字の五十音を完成した。これは、平仮名と片仮名の区別がなく、漢字を用いない表音文字である。同音異義語が多くある日本語は漢字を見ればすぐにその意味を理解することができるが、点字には漢字がないので文意がわかりにくいという欠点がある。しかし、この日本語点字の考案により、視覚障害者の学習環境や日常生活は大きく変わった。視覚障害者の自立を願う人々によって各地で学校が創立された。その多くは私財を投じて作られたものであったが、徐々に都道府県の認可を受け、公のものになっていった。

一九二六年には、衆議院議員選挙の点字投票が認められた。このことにより、点字は日本でも文字としての地位を確立したと言える。

さらに、一九七〇年代になると、漢字を点字で表すことが研究され始めた。最終的には二種類の点字漢字が残り、どちらが良いのか議論された。私自身は高等部二年生のときから八点漢字の考案者である川上泰一先生の指導を受けることができた。言葉の意味の深さに気づき、読書が楽しくなった。しかし残念なことに、漢点字は複雑であり指導者も少ないため、それほど普及していない。

一年遅れて学校へ

小学校への入学時期が近づくと、同じ年の従姉妹が字を書き始めた。なんでもやりたがりやで勝気な私は、「私も字が書きたい。教えて」と母に駄々をこねた。これは母にとって、とてもつらいことだったに違いない。それでもノートと鉛筆を買って、手を持って数字や簡単なひらがなを書かせてくれた。洋裁に使うルーレットで、紙の上に文字の形を作って触らせてもくれた。私もみんなと同じように読み書きができるようになりたいと一生懸命だったが、いくら頑張っても私には文字は読めないという悲しい現実があった。そんな私の当時の楽しみは、六歳年上の姉に本を読んでもらうことだった。姉が学校から帰って来ると、「読んで！　読んで！」と聞き入れてもらえるまで服を引っ張って、ついて歩いた。

両親は、そのような私の気持ちをわかってはいただろうが、目が見えない私が不憫でならなかった。一年間の就学猶予願いを出し、なんとしても見えるようにしてやりたいと、病院を訪ね歩いた。盲学校の義務教育は、一九四八年から実施されてはいた。しかし、当時、理由は人によってそれぞれであっただろうが、私のように一年間、あるいはさらに長い期間の就学猶予願いを出して、入学を遅らせる例はいくつもあった。とは言っても、両親のそのような必死の思いなど私が理解できるはずがない。学校に行かせてほしいと大泣きしながら頼んだが、聞き入れてはもらえなかった。この一年前に同じ年の従姉妹たちが幼稚園に行き始め、自分だけ取り残されたようで悲しい思いをしていた。それなのに今度は学校にも行けないなんて、あまりにも理不尽で納得がいかなかった。

両親は、悲しむ我が子を前に、苦渋の決断をしたに違いなかったのだが、その期待は裏切られ、どこに行っても良い結果は得られなかった。途方にくれて、それでもある国立病院を受診した。先生は、私の目は当時の医学ではどうすることもできないこと、私の将来を思うなら、一日も早く盲学校に入学させなければならないこと、盲学校で勉強すれば、この子はきっと自立して生きて行けるから心配はいらないことなどなど、こんこんと説いてくださったそうだ。

複雑な気持ちであっただろうが、両親は盲学校の小学部に私を入学させてくれた。一年遅れの一年生だったが、それでもうれしかった。みんなが使っている文字とは違っているが、私の文字である点字を習った。字の読み書きができるようになったことがうれしくて、寄宿舎でも家でも長い時間ポツポツと書き、それを両手の人さし指で触って読んだ。点字にされている子ども向けの本は多くはなかったが、それでも学校や寄宿舎の図書室に行けば、何か見つけることができた。人に頼まなくても、いつでも本が読めることが幸せだった。

点字のカルタ

点字を学習して楽しめるようになったのは、読書だけではなかった。目が見える姉妹や従姉妹たちといっしょにできる遊びも増えた。

幼い頃の私は、お正月が好きではなかった。おいしいご馳走が食べられるし、お年玉ももらえる。それなのに寂しくて悲しくなった。当時の子どもたちはお正月には、羽根つき、カルタ、トランプ、コマ回しなどをして遊んだが、私ができることはほとんどなかった。行き場がなくて退屈で、掘り炬燵にじっと座って、情けない顔をしていた。そんな私に突然母は言った。「点字板と点字紙を持っておいで」。なぜ母はそのようなことを言うのかわからなかったが、理由を聞きたくもなかった。ほかに何もすることがなかったので、しぶしぶ言われるとおりにした。「点字紙を四つに切って。たくさん作るんやで」と母。「できたか？　そんなら、お母さんがカルタの札読んであげるから、点字で書き。みんながカルタするときには、季温子は読み役したらええやろ？　そしたらみんなといっしょにできるやろ？」

この日から私はカルタ遊びに加わることができた。「みんなとまったく同じことはできないかもしれないけど、ちょっと考えて、ちょっと工夫すれば、それなりになんとかなる」と子ども心に理解した。「なんとかなる！」これは、今も私のモットーである。

小学部の高学年の頃には、点字が書かれたトランプが購入できるようになった。中学生になると、百人一首を書き写した。そして、母親になって間もなくのこと、点字を書いた透明シールを貼って百人一首を実費で作ってくださるというボランティアの方がおられることを知った。さっそくお願いすることにした。そして、お正月前に受け取ったのは、一枚一枚ていねいに作ってくださった心のこもったものだった。点字用の紙に点字を打つのとは違い、シールに書く場合には手に力を入れなければ点が出ない。かなり疲れる作業である。それを二百枚もある札に貼り付けるのだから、長い時間がかかっただろうと思うと申し訳ない気持ちだったが、本当にありがたかった。おかげで、お正月には幼い娘と家族三人で普段よりも遅くまでキャッキャとはしゃぎながら坊主めくりをするのが我が家の恒例イベントになった。その後はもちろん百人一首のカルタ遊びも。このカードは今も我が家に大切に保管されている。お正月にやってくるかもしれない、かわいいお客様たちのために。

かさばり高価な点字辞書

このように点字は私たち視覚障害者にとってなくてはならないものなのだが、これには不便なところもある。点字は、一般の文字のようにその大きさを変えることができない。つまり、縦七ミリ、横四ミリぐらいの一マスの中にある六つの点の組み合わせで一つの文字ができている。本の文字が小さければ小さいほどそれを点字にすると膨大な量になってしまう。そして、組み合わせの数には限りがあるので、濁音や数字などを表すには二マス以上が必要となる。さらに、漢字なら一文字ですむところ、表音文字の点字ではその音の数だけの文字を書かなければならない。だから、例えば辞典を点字にすると、想像を絶するボリュームになる。『新コンサイス英和辞典』（一九八三年点字出版）は、例文がそれほど多くなくコンパクトな辞書であるにもかかわらず、厚さ五センチほどで、B5判より一回り大きいサイズの本が百冊にもなる。

私が学生だったときに使っていた四畳半の狭い部屋は、四つのスチール製の本棚と机に占領されていた。本棚の九割のスペースをしめていたのが四種類の辞書（コンサイス英和辞典、和英辞典、独和辞典、日本にはないのでイギリスから船便で取り寄せた英英辞典）であった。

点字の本を作るには、かなりの時間と労力が必要である。にもかかわらず、需要は一般書ほど多くない。当然それなりに需要がある本から優先的に点字出版されることになる。一九七二年に大学生になった私が使っていた英和辞典は一九五一年に、和英辞典は一九六五年に点字出版されたものであった。親に買ってもらったので値段はよく憶えていないが、英和辞典（全七〇巻）の三分の一程度の冊数の和英辞典は数万円だったから、英和辞典はおそらく一〇万円を超えていただろう。とても古いうえに高いのである。それでもこれを買わないと勉強することができなかった。このような事情から、今では価格差補償という制度ができ、活字の本との差額が補償されるようになった。

便利な情報機器

前述のような状況であるので、大学で使うテキストや参考書が点字にされていないのはあたりまえのことだった。しかし、語学のテキストは点字本なしですませるというわけにはいかなかった。姉に点訳を頼んだり、友だちやボランティアの人に読んでもらって書き写したりすることで、最低限のものをどうにか確保した。しかし、残りの多くのものは点字にできなかった。どうしても必要なところを担当の先生に教えていただいて、誰かに読んでもらって録音する。それを聞いてメモを取り、授業のノートとともに使った。このような勉強のしかたをするので、時間がかかった。「一日が四八時間だったらいいのに」とよく思った。

こうした状況は、コンピュータの普及によって画期的に改善された。普通文字の読み書きが自由にできるようになった。スクリーンリーダーが読み上げてくれるのを聞いて、適切な漢字を選びながら文章を書く。また、点訳ソフトが開発され、パソコン点訳もできるようになった。さらに、点字編集システムというソフトがあり、テキストデータなどを点字データに変換することができる。変換されたデータは、ブレイルメモと言われる点字専用の情報機器で読むことができ、必要なら点字でプリントアウトもできる。そして、パソコンや携帯、スマートホンがあの膨大な辞典類に替わって使われるようになってきている。

このようなさまざまな情報機器を活用して、学生たちは講義に必要なものを準備することができるようになった。一般の学生に比べると学習環境を整えるにはまだまだ長い時間がかかるが、それでも以前のように講義で配られる資料が読めなくて困るという状況は少なくなったのではないだろうか。

私は、点字の本やカセットレコーダーなどが入った大きなカバンをいくつか持って、よたよたと大学のキャンパスを歩いていたが、今なら前述のブレイルメモを入れたバッグを一つだけ持ってさっさっと軽い足取りで歩けるだろう。うらやましい限りである。さらに良いことに、このブレイルメモは、点字タイプライターや点字板とは違い、あまり音をたてないので、ノートを取るときに感じた「迷惑をかけているのでは？」という周囲に対するあの気づかいは、ほとんどなくなったのではないだろうか。

便利になったのは学生たちばかりではない。日常生活をより便利に楽しめる器具やサービスが増えてきた。スキャナーと読み上げソフトが一体化した「よむべえスマイル」は、本や新聞はもちろん、預金通帳、郵便物の差出人なども読めるというかなりの優れものである。また、「サピエ図書館」という視覚障害者用の図書館サービスがある。希望する本の点字または音声のデータをダウンロードして、読書をすることができる。人生の半ばで失明し、文字の読み書きや一人での外出が不自由になってしまった人も、このサービスを利用すれば、十分読書を楽しめる。この楽しみから元気が出て、新しい世界に一歩を踏み出し、第二の人生を歩まれる方も少なくないのかもしれない。

さまざまな機器の普及により、私たちの学習や生活環境が整ってきた。しかし、便利な物がたくさん出てきた今も、私はつい昔ながらの点字板を使ってしまう。職場の机の上にはいつもパソコンとブレイルメモが置かれていたが、クラスの出席をつけるときも、手紙やメモを書くときも、使うのは訂正が簡単にできるパソコンでもブレイルメモでもなく、幼い頃から慣れ親しんできた点字板だった。

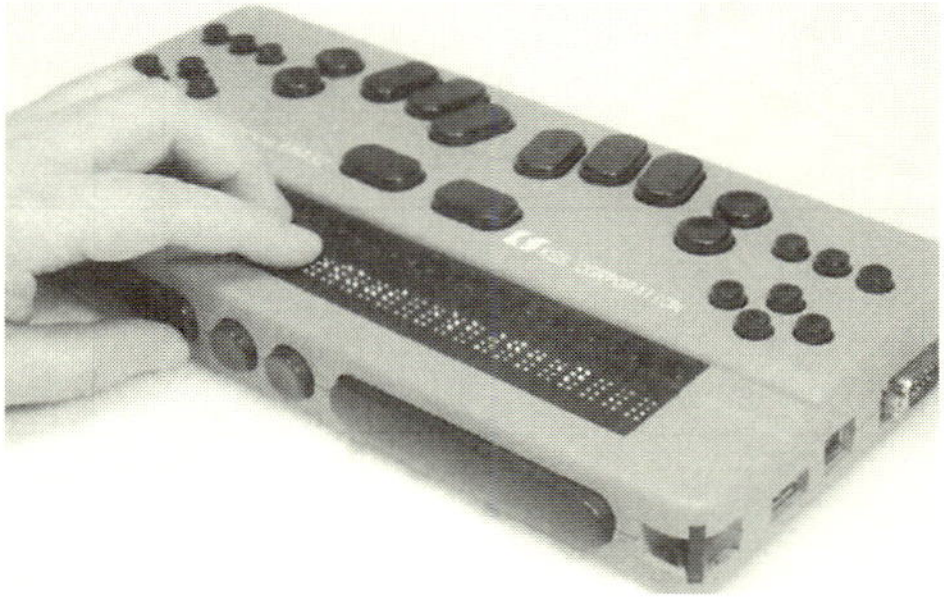

ブレイルメモ――奥のボタンで点字を入力し、手前に1行32マスの点字が表示される

季温子
kioko

対話 その7

泉
izumi

新しいパソコン

泉　最近、パソコンを買い替えたよね。

季　うん、これまでのより薄型になって、カバンに入れやすくなった。

泉　出っ張りもなくて、すっきりしているね。

季　出始めた頃のノートパソコンは、ノートとは言っても重かった。音声ソフトを入れても、別に音を出すための装置が必要で、持ち運ぶのがちょっと大変やった。どんどんいいものが出てくるね。

泉　ハードディスクもなくなったから、振動の心配をしなくてもよくなった。で、どう？　うまくいってる？

季　まだ十分ではないけど、意外に早く慣れたよ。

泉　読み上げの音声が、ずいぶん良くなってきたね。

季　今のは女性の声か男性の声かを選ぶことができるよ。私は、女性の声にしてて、なかなかさわやかで気に入ってる。日本語の文章も英語もそれなりに聞きやすく読んでくれる。ちょっとだけ関西なまりのアクセントがあるような気がするけど、それもまた面白い。
泉 西日本の会社の製品だから、どうしても…。
季 初めて使った音声装置は、アニメに出てくるロボットみたいに甲高い声だったから、長時間聞いてると頭が痛くなった。
泉 私も、かたわらでよく聞かされた。
季 英文を読ませると、edやingがついた単語は、スペル読みになってたけど、それも改善された。
泉 スイミングだと、エス・ダブリュー・アイ・エム・エム・アイ・エヌ・ジーって読んでたわけだね。
季 そうそう。スイミングみたいな簡単な単語がときどき出てくるだけならいいけど、一行にいくつもこんなふうに読まれる単語があるときは、ちょっと大変やった。
泉 今回は、読み上げソフトを買うときに、自治体の補助が出たんだね。
季 そう、以前は仕事をしていて所得制限にかかるから、申請をしたことがなかった。でも無職になったから、補助をもらえるか尋ねてみることにした。結局、音声の読み上げソフトと、インターネット閲覧用、メール用のソフトの補助が出た。パソコンを買い替えたうえにこんなたくさんのソフトを買うのは大変やからありがたかった。
泉 パソコンでいちばん困るのは、画面で何がおこっているのかわからなくなるときだね。ウイルス対策ソフトが勝手に動いたり、自動アップグレードだったり、その状態の説明が音声で聞けない。
季 そうそう、あれは本当にどうしようもない。そんなときには、電源をブチッと切ってやり直すしかないね。

泉　なかなかの荒技。ところで、最初に買ったパソコンは、どんなんだったっけ？

季　大きなデスクトップのパソコンで、もちろんフロッピー使用。それも五インチで大きい。パソコンもプリンターも今のように普及してなかったから、値段はかなり高かった。冬のボーナスが全部消えた。

泉　五インチのフロッピーって、知らない人が多いかも。

季　高いパソコンだけど、それだけでは音が出ない。音声ソフトと、点字入力ができる大きなキーボード、それに音声装置の三つをセットで買う必要があった。これはパソコンと同じくらいの値段だった。しかたがないので、貯金も使った。

泉　すごい。ボーナス二回分。ものすごい決断だね。

季　そんなに頑張って買ったのに、難しくてなかなか使えなかった。でも大枚をはたいたのだから放りだすわけにはいかなかった。同僚に教えてもらいながら、やっとなんとか使えるようになった。

泉　涙ぐましい努力、かな？

季　パソコンが起動するのに、長い時間がかかった。いつもスイッチを入れてからトイレに行った。戻ってきてもまだ立ち上がってない。今のは花粉症の私が鼻をかむ間もないくらい速いけどね。

泉　なんというたとえ。淑女のはずが…。

季　それに、長時間使うと暴走して、しゃべらなくなってしまうことがあった。そんなときは、たいてい切羽詰まって必死で書いてるから、文書を少しずつ保存するのを忘れてて、何時間もかけた仕事が全部消えてしまった。悲しかったなあ。

タイプライターからブレイルメモへ

泉　話は変わるけど、最近よく使っているブレイルメモって便利？

季　ブレイルメモは、データを入れておいて読書をするのが便利。かさばらないから、どこにでも持って行って読書ができる。それと残しておきたいメモを書いたり、旅行中に日記を書いたり…。

泉　持ち運ぶのに重くない？

季　一・三キログらいの重さやから、とても軽いというわけではないけど、便利やから、持って行こうって気になる。

泉　そういえば、飛行機に乗るときに、荷物検査で引っかかったことがあるんじゃなかったっけ？

季　ヨーロッパではなぜかしょっちゅう引っかかってるよ。フランクフルトで止められたときには、「またかー!」って腹がたって、「これは、目が見えない私が点字を読み書きするための器械なんです。止められるのは今日でもう四回目です。信じられませんよ!」って英語でまくし立ててしまった。そしたら、「そうなの？　でも、ぼくは今日が初めてだよ」だって。それでいつものように別の部屋まで連れて行かれて、調べられた。飛行機に乗る前にちょっとだけ買い物しようって楽しみにしてたのに、またできなくなった。まったくとんでもない。

泉　まあ、そう怒らず…。結局、パソコンと、ブレイルメモと点字板の三つを武器にしているわけだ。

季　そう。便利になった。

泉　点字プリンターを使いたいとは思わない？　データを点字用紙にプリントアウトしてくれるから読みやすいんじゃないの？

季　もちろん紙に印刷された点字は読みやすいけど、家でまで点字プリンターを使いたいとは思わない。あれは、値段がとても高いし、大きくて場所をとる。それに印刷のときにすごい音がする。今はブレイルメモで十分。

泉　やっぱりブレイルメモが便利なんだ。あれ、いくらぐらいしたっけ。

季　三五万七千円だったかなあ？

泉　うーん、高いけど、それだけの値打ちがあるってことか。ところで、昔は、点字タイプライターを使っていたね。

季　うん、大学生のときには、本を読んでもらうのを聞きながら書き写すことがよくあった。タイプライターを使うと点字板より楽に速く書ける。点字板だと点を一つひとつ打たないといけない。例えば、「メ」と書くには六個の点を打つ。だけど、タイプライターなら、一度に六個のキーを押せるから一回ですむ。

泉　少しは肩こりが軽減されるのかな？

季　最初は、小さくて軽い、値段も安い日本製のを使ってた。安いとは言っても当時で二万数千円ぐらいしたかな。だけど、しょっちゅう故障してね。

泉 「カニタイプ」って呼んでいたやつだね。キーが左右にカニの脚のように三本ずつ伸びていた。
季 それで、アメリカ製のを買ってもらった。これは、丈夫だし、紙を外さなくても、打った点字が読めて便利だった。
泉 「パーキンス」って言ってたね。前のほうからピアノの鍵盤のような形で打つ、ちょっと重厚な感じのだった。
季 だけど、持ち歩くには大きくて重い。それに、使ってるときにかなりの音がする。盲学校で働いていたとき、一つの教室の中で六人の生徒がタイプライターを使うことがあって、いっせいに書き出すと、まるでどこかの工場にいるような気がした。

読書環境の変化

泉 文字環境っていうのとは少し違うかもしれないけど、読書の環境は変わってきた?
季 ずいぶん変わったね。サピエ図書館ができるまでは、点字図書館に電話や手紙でリクエストして、点字図書やテープ図書を借りていた。専用の郵送ケースに入れて送ってもらい、読み終えたらまた郵送で返却する。ほかの人が読んでいたら待たなければならないし、届くまでけっこう時間がかかった。
泉 大きくてポストに入らないから、郵便局まで持って行ってたけど、仕事をしてると、行きにくいよね。
季 点字図書館ではずいぶん前から対面朗読のサービスがある。希望の本を読んでくださるボランティアを図書館が探してくれて、部屋を貸してもらえる。そこで朗読してもらって、録音したり、書き写したりできる。最近は公共図書館でもこのサービスを提供してくれるところが増えてきてる。

泉　対面朗読は、よく利用してた？

季　私は夏休みなど授業のないときに、教材作りをするのに対面朗読をお願いしてた。

泉　職場ではなくて図書館で？

季　そう。今の状況では職場では難しいよ。同僚もいろいろ手助けしてくれたけどね。弱視の生徒が書いた普通文字の答案を読んでもらったり、ちょっとした教材はいっしょに作ったり。だけどみなさんご自分の仕事だってあるんだから、私の長時間の教材作りまで付き合っていられないでしょ？　こういうことを援助してくれるアシスタントさんがいてくれれば、話は別だけどね。

泉　学校現場って、意外にそういうことが遅れているね。で、図書館での対面朗読はどんな感じ？

季　最初の頃は、タイプライターを借りて、朗読してくださるのを聞きながら書き取った。職場に戻ってそれを読みながら書き写して、必要な部数作ってた。こんな時間がかかる仕事も点訳ソフトを入れたノートパソコンのおかげでとても楽になった。最近はパソコンを貸してくれるところもあって助かる。

泉　え、音声パソコンも貸してくれるの？　どこで？

季　私がお願いしたことがあるのは、大阪府立中央図書館、大阪のライトハウスの盲人情報文化センターの点字図書館、それと大阪府盲人福祉センターの点字図書館。

泉　そうなんだ。ところで、サピエ図書館は、どんなふうに利用してる？

季　点字データやデイジーデータをダウンロードすることが多い。

泉　デイジーデータって？

季　朗読された音声データを、聞きやすい形に構成したもの。世界で標準化されているみたい。

泉　デイジーデータを利用するには、専用の機械もあるけど、うちではそのまま使っているね。

季　あの機械も補助が出るはずだけど、それなりに高いんじゃないかなあ。うちは小さな安いスピーカーとSDカードだけど、これで十分いけてるね。

泉　必要なファイルを選んでコピーして、SDカードに入れるという夫の協力の部分を忘れてはいけない。

季　はいはい。SDカードをスピーカーに挿し込んでボタンを押すだけやから、操作は簡単。

泉　これは、けっこう簡単に聞けているね。台所で家事をしながらとか。

季　そうそう。音が良いから、洗い物をしてても聞きやすい。充電できるから、話の続きが気になれば、家じゅう持って歩いてる。トイレの掃除をするときも、洗濯物を干すときも。

泉　なんと熱心な読書家！　ところで、図書の読み上げには、ずいぶん多くの人たちの献身的な努力があるね。

季　私たちが読書を楽しめるのは、本当にたくさんの方のおかげだと感謝している。音訳でも点訳でも長い時間と労力が必要。

泉　そういう地道な仕事をしてくれる団体があちこちにある。

季　まず、点訳や音訳のための厳しい講習会を修了しないといけない。そして、読み方などしっかり下調べしてとりかかる。読み終わったら、別の二人が二回校正をしてやっと図書になるというのが一般的。

もうひと手間かけて

泉　私たちが日常使うものにも点字が使われているね。

季　あまり多くはないけど、使いやすいように点字が付けられてるものがあるよ。

泉　どんなのがあるんだったっけ？

季　化粧水とメイク落としのプラスティックの容器に点字が付けられてるのがある。化粧品は、銘柄が同じなら、メイク落としも化粧水も乳液もたいてい同じ形の容器に入ってる。私がよくする見分け方は、容器を振ってみる。乳液はどろっとしてるから、振ってもあまり音がしないし、重い感じ。化粧水とメイク落としはさらさらした液体が多く、振るとシャバシャバって音がする。この二つは区別できないから、点字が付いてるのはとても助かる。

泉　ちょっとの工夫で区別できるはずなのに。もちろん点字があればいいのだけど。

季　シャンプーとコンディショナーの詰め替え用の袋に「シャンプー」「コンディショナー」と点字で表記されてるのもある。これも袋を触っただけではどっちがどっちなのかまったくわからないから、とてもありがたい。

泉　よく似た商品には、必ず触って区別できる特徴をつけるという文化が定着してほしいね。

季　シャンプーとコンディショナーのボトルも銘柄が同じだと同じ形。でも、ほとんどのシャンプーには、ポンプのところや側面に目盛りのような線が付いてる。最近は、その詰め替え用の袋にも同じような線が入ってるのがある。あれは、本当に素晴らしいアイデアやと思う。

泉 あれって、業界団体か何かでルールを決めてるんだろうか。最初にあの方法にしようと言った人はすごいね。本当にさりげない方法で区別できるようにしている。

季 さりげないっていうのが素晴らしい。

泉 電気器具などの点字はどう？

季 洗濯機のよく使うボタンには点字があるのが多いと思う。なくても、たいていスタートボタンには点が一つと停止のところには横線ぐらいはあるんじゃないかな？

泉 ほかには？

季 炊飯器や電子レンジは、スタートのところに点が一つ、停止は横線だけというのが多い。電子レンジは特に多機能で使いこなせないから、シールに点字を書いて自分で貼ってる。

泉 テレビやエアコンなどのリモコンは？

季 扇風機の小さなリモコンなのに、必要なことがちゃんと点字で書いてあるのを最近見てびっくりした。頑張ってくれてる企業があるんだってちょっとうれしかった。だけど、ほとんどのリモコンには点字はない。今は、リモコンで操作するものが多いし、ボタンの数もたくさんあるから、点字を貼らないと憶えられない。

泉 ビールの缶なんかにも点字が打たれている。

季 酎ハイの缶にも「おさけ」って書いてある。

泉 そうそう。飲み口の脇の部分にね。

季　ノンアルコールのビールには何も書いてないね。だから、あの「おさけ」というのは、「アルコールが入ってます」ってことかなあ？

泉　なるほど。子どもに飲ましたら大変だもんね。

季　ソフトドリンクと区別ができるように付けてくれてるんだと思うけど、お酒にもいろいろあるから、ただ「おさけ」というのでは困る。

泉　前には「ビール」って書いてあるのがあったように思うんだけど、最近はみんな「おさけ」なのかな。

季　どうせ書くなら、あとひと手間かけて、「ビール」とか、「チューハイ」とか書いてもらえると便利なのにね。

泉　本当だ。

季　せっかく点字を付けてくれてるのに、この「おさけ」と同じようになってしまってるものがけっこうあるよ。

泉　あと一歩、かゆい所に手が届かない？

季　ドレッシングや油、ジャムなどの容器にも点字が書かれてるのを見たとき、こんなのが少しずつ増えてきてるんだってうれしかった。でもね…。

泉　やっぱりまだ不十分？

季　それが「和風ドレッシング」なのか、「ゴマ油」なのか、

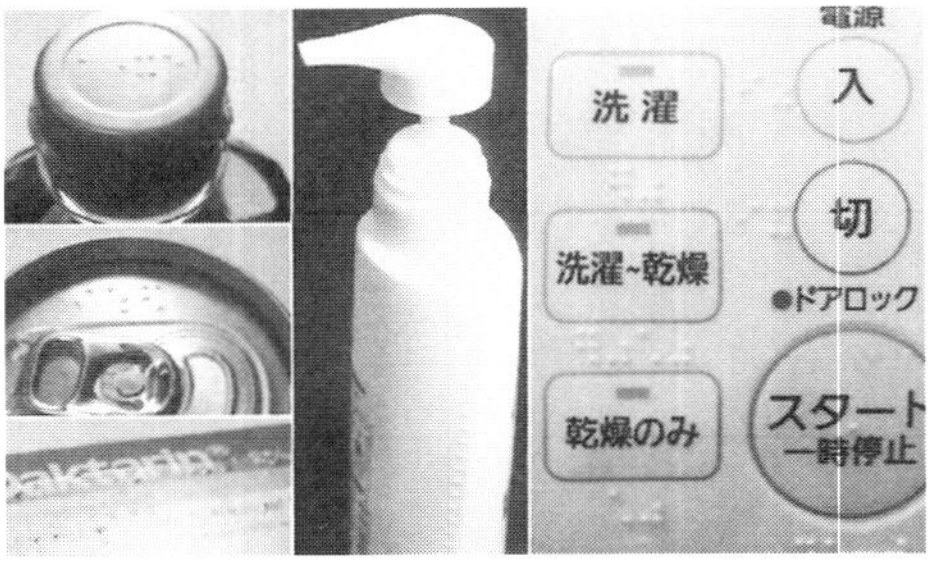

さまざまな商品に付けられた点字や目印――左上・油のボトルのふた（あぶら）　左中・ビールの缶（おさけ）　左下・アイルランドの薬（ダクタリン2%　W&W　クリーム）　中・シャンプーの目印　右・洗濯機のボタン（せん、せんかん、かん、オン、オフ、スタート）

「リンゴジャム」なのかがわかれば一人で買い物ができるし、使いやすいやろ？

泉 銘柄も書いてくれたら、もっとうれしいと思う。酒飲みとしては…。私はビールならぜったい銘柄が書いてないと許せない。

季 ダブリンで買った薬の箱には、daktarin 2p cream って点字で書いてあったね。あれはなんの薬やったかなあ？

泉 水虫の薬です。そんなことここで紹介しなくてもよろしい。

季 これは失礼しました。二十歳過ぎたうちの娘がパリで手足口病になったとき、お医者さんが処方してくれた薬の箱にも点字が書かれてたよ。

泉 そうなんだ。点字を付けるのが標準なのかな。

季 でも、日本ではそんなの見たことがないね。薬は間違えると大変なことになるから、点字が書いてあると助かるんだけどねえ。

泉 日本でも早くそうなってほしいね。

季 冷凍食品は、触ってもそれが何なのかわからないものが多い。私は箱や袋の形で区別するとか、使い残したものを保存用のビニールバッグに入れて整理するけど、数が多くなると忘れてしまう。

泉 たしかに冷凍食品は、区別が難しそう。

季 ついでに、賞味期限も点字があればいいね。

泉 それを率先してやってくれたメーカーは、企業イメージがアップするかもしれない。

8　どんな人が好き？

イケボイス

「先生のだんなさん、かっこええ？　イケメンか？」

「えー？　どうやろう？　うーん、見たことないからわかれへんけど、たぶんイケメンなんて言葉とはちょっと縁がないと思うなあ」

「そうなん？　顔触ったことあるん？」

「あるよ。でも触っただけでは、イケメンかどうかは、私にはわかれへん。そんなん触ってわかる？」

「うーん、そう言われてみれば難しい。『俺の顔は、○○で○○やからイケメンやで』って自分のことやのに説明でけへんなあ。そんでも、俺のことやから、ぜったい俺はイケメンやで」

彼は楽しそうに笑った。

「あのなあ！　まあいいか、イケメンってことにしといてあげる」

「ありがとう」

「顔触ってわかることは、鼻がまるくて低いとか、細くて高いとか。口が大きいとか、唇が分厚いとか。頬っぺたにお肉が付いててポチャッとしてるとか、細い顔やとか。眉が太いとかもわかるね。ほかにも、膚がツルツルできれいとか、指で感じられることはわかるけどね。でも、色白で笑顔がすてきって言われても想像がつけへん。目がまるくて大きいとか細いとかもよく聞くけど、指を突っ込むわけやないのやからわかれへんやろ？　まあ、かりに突っ込めたとしてもそんなことわからんと思うけどね。イケメンていうのは、顔のいろんな部分のバランスが良いから、イケメンなんやろ？　そんなバランスは見たことがないから想像がつけへん。私には」

「それもそうやなあ。そんなら、だんなさんのどこが好きやったん？　だんなさん、ええ声してる？」

「うーん、むちゃくちゃええ声かどうかはちょっと疑問やけど、まあまあかなあ？」

「ふーん、声がまあまあなんやったら、だんなさんのどこがいちばん好きやったん？」

「もー、ほんまに答えられへんことばっかり聞くなあ。うーん、とりあえず優しい人やなあって思ってしまったたってことにしとく」

「俺はかわいい声の子が好きやで。『イケメン』とちごて『イケ声』が好みやなあ」

「『イケ声？』そんな言い方やったら、ほんとはかわいい声でもそうは思われへんなあ」

「そっかあ、ほんなら『イケボイス』、これでどや。うん、俺はイケボイスが好みや」

「イケ声よりずっといいね」

「イケボイスの子と話してるとな、この人はきっと優しくてかわいくて美人やという気がするねん」

私の場合

確かに彼が好きになる女の子たちは、ソプラノに近い高くてきれいな声の持ち主である。彼女たちの声は、優しくてかわいらしい女の子のイメージとつながる。もちろん私にも好みの声はある。しかし、感性が豊かでない私は、彼のように声に興味をもって想像を膨らませたことはこれまでになかったというのが正直なところである。どちらかと言うと、優しいとか、よく気がつくとかいう性格で決めていると思っていた。私自身の昔を思い出してみると、まだ学生だった頃、今の夫である彼は、大学の図書館でときどき対面朗読をしてくれていた。読み方が上手で、内容が頭に流れるように入ってくる。聞きながら必死でメモを取る私にとっては最適の読みだった。「上手やなあ！」と感心したし、感謝してもいたが、声について深く考えなかったし、イケメンとつながっていった記憶も残念ながらない。

そうは思ったが、イケボイス好みの彼から聞いたことがあまりに面白かったので、まわりのみんなに聞いてみた。なるほど彼が言ったとおり、全盲の場合その多くはイケボイス好みだった。

私は、生まれてから一度も人の顔を見たことがない。そのためかどうかはわからないが、その人がハンサムなのか、美人なのかそれほど関心がない。私のように目が見えていた経験がない者が人を好きになるときも一般の人がそうであるように、価値観が同じであるとか、話していて楽しい人であるとか、行動力があるとかいろいろな要素があるが、イケメンであることが条件になることは、ほとんどないだろうと思う。むしろ最初は優しい声にひかれてその人が気になりだすというのが本当のところだろう。

そして、想像力の乏しい私も含めて言えることは、私たちはルックスでは判断できない。だから、少なくとも最初に感じる第一印象はやはり声、口調も含めた声で決まる。

好みの顔やスタイルがあるように、好みの声もそれぞれである。彼のように高いきれいな声がいいという人もいれば、ソフトなアルトの声が好みの人、魅力的なハスキーボイスにひかれる人もいるだろう。女性の側から言えば、低音の人を男らしくてかっこいいと思う場合や、テノールのクリアな声がさわやかで好きな人、そしてふんわりしたハスキーな声の人を優しそうだと感じる人など。さらに、知人とよく似た声の人に出会うと、性格までもその人と似ているのではと想像することも少なくないようだ。

それにしても「イケボイス」とはなかなかユニークな新語だと思った。どこかで流行らせてみたい気がする。

季温子
kioko

対話 その8

泉
izumi

好みのタイプ

泉　フィニッシュは少し軽めのテーマで。

季　そう、ここまで読み続けてくださった方に少し楽しんでいただかないとね。明るい話題がいい。

泉　やっぱり出会いの第一印象って、声なのかな？

季　そういう人が多いと思うよ。

泉　私は、やっぱり見た目に左右される。人は外見じゃないといっても、外見にはいろんなことが表われるから。

季　例えばどんなことが？

泉　そりゃ、性格や、日常生活とか。といっても私は、いつも外見にだまされてるかもしれないけど。

季　それじゃあ、かっこいい声やかわいい声にだまされている視覚障害者もいるかもしれないよ。

泉　で、においというか、香りというか、そういうのはあんまりポイントにはならないの？　例えば、さわやかな石鹸の香りをただよわせているというようなことは。

季　臭いのは、むちゃくちゃマイナスポイント。

泉　そりゃそうだね。

季　だからと言って、さわやかな良い香りが高いポイントになるってことではないと思う。

泉　え、どうして。

季　好印象を与えるかもしれへんけど、「あの人は良い香りがするから好き」なんて言われてるのは聞いたことないよ。

泉　好印象以上にはならないってことか。

季　クラスメイトや同僚なら、いつも使ってるシャンプーや柔軟剤の匂いで、○○君が歩いて来たとか、○○さんがこの部屋にいるなんてことがわかる。匂いはその程度のものかも。

泉 中途失明の人は、どんなふうになるんだろう。やっぱり声重視に変わるのかな？

季 そうだけど、私とはちょっと違う。

泉 どんなふうに？

季 目からではなくて、耳から情報が入るようになるから、少しずつ声重視に変わっていく。だけど、好みの声の人に出会うと、「あの人、どんな人やろう？」って、見えてたときのようにルックスも気になるらしい。好みの声と以前好みだったルックスがつながる。

泉 目からの情報が、やっぱり気になるわけだ。

季 そう、もし誰かがいっしょにいたら、たいていの人は後でこっそり聞いてみるらしい。「うん、俳優の○○さんにちょっと似てるよ」とか、「色白で目が大きくて…」みたいに説明してもらえると、それなりに想像して納得できるって。

泉 なるほど、見えていた頃の情報と、ほかの人の目を介した情報を結びつけるわけだ。

季 ルックスについては、見えなくなっても興味がある人は多い。時間がたつにつれて声重視に変わるけど、かつてイケメン好みだった人は、やっぱりイケメン好み。自分好みの声を聞くと、急にテンションが上がって、「あの人イケメンやろ？」ってむちゃ

イギリス、コッツウォルズを訪ねる

くちゃうれしそうにしてるから、面白すぎて笑ってしまったことあるよ。

泉　はじめから見えてない人は、他人からの情報はそれほど気にならないの？

季　「彼かっこいいよ」とか、「あの子美人」と聞くと、ちょっとわくわくして憧れる人はそれなりにいるとは思うけど…。そんなことを聞かされても、第一印象はやっぱり声だと思うな。私なんかは、「ハンサム」って聞いても、「いまいち」っていわれても、「そうなん？」って思うだけ。

声からわかることって？

泉　ところで、ご自身は、どんな男性の声が好み？

季　うーーん、歌を聞くなら、よく伸びて透き通るような乾いた声が好き。

泉　例えば？

季　若い頃の布施明さんみたいな。

泉　「シクラメンのかほり」とか？　もっと前の「霧の摩周湖」なんかの頃？

季　「霧の摩周湖」は、古すぎる。私はもうちょっと若い世代なんですけど。

泉　それは失礼。

季　でも、普通に話をするのなら、中音の優しい声の人がいいな。落ち着いた気分になれるからね。

泉　ときどき言っているけど、関口宏さんとか？

季　うーーん…悪くはないけど…ま、とりあえず、いつも聞いてて違和感がないうちの夫さんみたいなということにしておきましょう。

泉 やれやれ。

季 それとネチネチした口調の人とはお近づきになりたくないね。好みの声もあるけど、好みでない口調もあるよ。口調で人間性がわかる。見えてる人が顔つきで人間性がわかるというのと同じ。

泉 自分はメンクイだと言っていた人が、実際に選んだ結婚相手はぜんぜん違うってこともあると思うけど、イケボイスの場合は？

季 最初は声にひかれて好きになっても、お付き合いしてるうちに性格がわかってきて、やっぱりやめとこってなることはあると思うな。

泉 性格は声に表われる、とはならない？

季 美人で優しそうに見える人がぜったい優しいというわけではないでしょ？　声の場合も、口調である程度想像はつくかもしれないけど、声質だけではちょっと難しいと思うな。

泉 うーん。

季 良い声が好きだとは言っても好みの声の人を結婚相手に選べるとは限らない。見えてる人もみんなが自分の好みの顔の人と結婚してるわけではないでしょ？

泉 そりゃそうだ。

季 お互い慣れてくるっていう、それと同じ。

泉 現実的な結論に落ち着いてしまった。

おわりに

本書でこれまで黒子の役割を果たしてきた夫の私が、最後に姿を現すのをお許しいただきたい。

学生運動が盛んだった一九七四年に、私は友人たちと点訳サークルを始めた。政治的な活動に疲れ、もう少し地に足のついたことをやりたいと思ったからである。さいわい多くの友人に恵まれ、さまざまな活動に思う存分、身を投じることができた。一方で、中学生の頃から好きだったが、しばらく遠ざかっていた考古学を、大学三年生になるときに自分の専門分野として選ぶことになった。点訳サークルの活動と考古学という二足のわらじを履きながら、どちらを中心に生きていくかを長い間迷っていた。そして、私は考古学を選んだ。

それでも、〈見えない〉世界とのかかわりは続けたかった。ひとつは点訳サークルで知り合った妻とのかかわりを通じて。もうひとつは、別の世界を知ることで研究にも深みが増すはずだという自分への「いいわけ」のような理屈を通じて。

考古学というのは、昔のことにばかりかかわっている学問ではない。私たちがどのような歴史を歩んできて、どこに向かっているのかを、長い時間のスパンで考える学問だ。また、アメリカなどでは文化人類学と同じ分野として扱われており、さまざまな地域に入って現地の人びとと暮らしながら聞き取りや観察の調査を行う。私も、そうした文化人類学の研究の方法を少しは学んできた。

文化人類学者は、現地の人びとの生活や習慣を、西洋人の立場で歪めて解釈しているというきびしい批判を受けてきた。そして、現地の世界をいかに偏見なくその世界の論理で描き上げるかが求められることになった。私が本書で、妻への問いかけを通じて、そうした〈見えない〉世界を描くことができないかと思ったのには、そのような背景が存在しているのである。

ある時代に、目の見えない人がどのように生活し、何を考えていたのか。それが、ディテールにわたって記録される機会はほとんどないだろう。「自分史」を著す人は少なくないが、いずれも自分を通じて描かれる世界だ。それとは違う、もう少し客観的な全体像を記録しておきたいと、私も妻の仕事に協力することにした。〈見えない〉世界の「文化誌」という性格の内容なので、本書には大きな主張のようなものは含まれていない。また、障害を克服する生き方が感動を与えるということもないだろう。そこに物足りなさを感じられる読者もあるかもしれないが、それが本書の意図なのだとご諒解いただけると、私も気持ちが楽になる。百年後に本書を手にする人がいたら、そこにきっと価値を見いだしていただけるはずだと思う。そんなことにこだわるのが、私のような歴史を扱う人間の性なのかもしれない。

＊
＊
＊

私が本書で記した〈見えない世界〉に、みなさまはどのような印象をもたれたでしょう。そこに暮らす私には願いがあります。今の社会の中で、私は、〈目が見えなくて、なんとなく近寄りがたい特別な存在〉であるのではなく、〈普通の人〉でありたいと思います。さりげない手助けに支えられ、私ができる小さなお返しをしながら。

最後になりましたが、本書の刊行にお力添えをいただきました多くのみなさまにお礼を申しあげます。「私の思いが本になった!!」夢のようです。本当にありがとうございました。できるだけ多くの方々の目に触れてほしいと、必死で書いたものの、出版の方法が見つかりませんでした。それでもどうしてもあきらめられずにいたときに、同僚だった安食正雄先生、長く障害児教育に取り組んでこられた鴨井慶雄先生に助言をいただき、こうして本にすることができました。クリエイツかもがわの田島英二さん、編集を担当してくださった伊藤愛さんにも、たいへんお世話になりました。そして、本書を手に取っていただいたみなさま、ありがとうございました。いつか、どこかで、これをヒントに〈見えない〉私たちに手を貸していただければとてもうれしいです。

（季温子）

著者

新納季温子（にいろ　きおこ）

1952年　大阪で生まれる。
1960年　大阪府立盲学校（現在の大阪府立視覚支援学校）小学部に入学。
1972年　プール学院短期大学に入学。毎日英語漬になる。
1974年　立命館大学文学部3回生に編入学。英米文学を学ぶ。
1982年から2010年　大阪府立盲学校高等部で英語教諭として働く。
現在は、専業主婦。小さな点訳ボランティアサークルで、点字の本、飲食店の点字メニューなどを作っている。

見えない私の生活術

2016年2月1日　初版発行

発行者　田島英二
発行所　株式会社 クリエイツかもがわ
〒601-8382　京都市南区吉祥院石原上川原町21
電話 075（661）5741　FAX 075（693）6605
http：//www.creates-k.co.jp　info@creates-k.co.jp
郵便振替　00990-7-150584

装　丁　加門啓子
印刷所　T-PLUS／為国印刷株式会社

ISBN978-4-86342-177-6 C0036　　printed in japan

楽しく生きる

藤野高明／著

楽しく生きるというのは、本来そんなに難しいことでもなければ、特別なことではありません――両手・両眼を失った二重の障害との歩み、学び、その生き方。 1500円

未来につなぐいのち

点字の獲得は光の獲得でした。未来を生きる若者たちに贈るはげましのメッセージ。 1600円

地域で暮らす重症者の生活保障
自治体職員の役割と行政職員たちの挑戦

山本雅章／著　大泉溥／解説

住民と協働する自治体職員論を提起。 2400円

花咲き夢咲く桃山の里　地域と歩む障害者福祉

社会福祉法人あみの福祉会／編著

わたしたちはこの町で、なかまと生きている――さまざまな障害のある人たちが地域であたりまえに働き、暮らす取り組み。 2000円

すべての人が輝くみんなのスポーツを
オリンピック・パラリンピックの壁を越えて

芝田徳造・正木健雄・久保健・加藤徹／編

障がいのある人もない人も、ともに楽しめるスポーツを！パラリンピック・オリンピックの壁を取り払い、一体となった組織・運営、可能な限りの共同競技開催を呼びかける。 1800円

未来につなぐ療育・介護労働　生活支援と発達保障の視点から

北垣智基・鴻上圭太・藤本文朗／編著

厚労省ガイドライン改訂の腰痛問題、具体的な移動介助の方法、医療的ケア、人材養成・研修、福祉文化論、働く人々へのメッセージまで、課題を総合的に提起。 2200円

生きるかたち　忘れ得ぬ仲間たち

井関奎一／著

人として「生きるかたち」は、それぞれでも幸福に生きる権利は、すべての人に平等にあるはずである。精神や知的に障害がある仲間たちに、やさしく穏やかな視線で寄り添う姿。1600円

道きりひらくわが人生　弱視から盲へ

西岡恒也／著

激動の時代を生き抜いてきた弱視者の半生。障害者の権利保障運動のルーツを解き明かし、不透明な現代に勇気をあたえる！ 1600円

［本体価格表示］